# A família vai ao cinema

Organizadores
**Inês Assunção de Castro Teixeira**
**José de Sousa Miguel Lopes**

# A família vai ao cinema

autêntica

Copyright © 2012 Os autores
Copyright © 2012 Autêntica Editora

COORDENADORES DA COLEÇÃO CINEMA, CULTURA E EDUCAÇÃO
*Inês Assunção de Castro Teixeira*
*José de Sousa Miguel Lopes*

CONSELHO EDITORIAL DA COLEÇÃO CINEMA, CULTURA E EDUCAÇÃO
*Afrânio Mendes Catani* (USP); *Alfredo Veiga-Neto* (UFRGS); *Célia Linhares* (Universidade Federal Fluminense – UFF); *Inês Assunção de Castro Teixeira* (UFMG); *Inés Dussel* (Faculdade Latinoamericana de Ciências Sociais/ Argentina); *Jorge Larrosa Bondía* (Universidade de Barcelona/Espanha); *José de Sousa Miguel Lopes* (UEMG); *Milton José de Almeida* (UNICAMP).

PROJETO GRÁFICO DA CAPA
*Diogo Droschi*

EDITORAÇÃO ELETRÔNICA
*Conrado Esteves*

REVISÃO
*Lílian de Oliveira*

EDITORA RESPONSÁVEL
*Rejane Dias*

Revisado conforme o Acordo Ortográfico da Língua Portuguesa de 1990, em vigor no Brasil desde janeiro de 2009.

Todos os direitos reservados pela Autêntica Editora. Nenhuma parte desta publicação poderá ser reproduzida, seja por meios mecânicos, eletrônicos, seja via cópia xerográfica, sem a autorização prévia da Editora.

**AUTÊNTICA EDITORA LTDA.**

**Belo Horizonte**
Rua Aimorés, 981, 8º andar . Funcionários
30140-071 . Belo Horizonte . MG
Tel.: (55 31) 3214 5700

Televendas: 0800 283 13 22
www.autenticaeditora.com.br

**São Paulo**
Av. Paulista, 2.073, Conjunto Nacional, Horsa I
11º andar, Conj. 1101 . Cerqueira César
01311-940 . São Paulo . SP
Tel.: (55 11) 3034 4468

**Dados Internacionais de Catalogação na Publicação (CIP)**
**(Câmara Brasileira do Livro, SP, Brasil)**

A família vai ao cinema / Inês Assunção de Castro Teixeira, José de Sousa Miguel Lopes (organizadores). -- Belo Horizonte : Autêntica Editora, 2012. -- (Coleção Cinema, Cultura e Educação, 6)

Vários autores.
ISBN 978-85-65381-64-2

1. Cinema e família 2. Cultura no cinema 3. Família e cinema I. Teixeira, Inês Assunção de Castro. II. Lopes, José de Sousa Miguel. III. Série.

12-06619                                                CDD-791.43

Índices para catálogo sistemático:
1. Família no cinema    791.43

**In memoriam**

De Marildes Marinho, professora, amiga e companheira querida, que continua viva em nossas melhores lembranças.

De Milton José de Almeida, professor e criador do Laboratório de Estudos Audiovisuais – OLHO (FE/UNICAMP), cuja sensibilidade e exemplar compromisso com a educação e o cinema devem ser reverenciados, reconhecidos e relembrados.

# Sumário

**NÃO MAIS PREFÁCIO**
Na ausência/presença de Bartolomeu Campos de Queirós ........................9

**APRESENTAÇÃO** ................................................................................15

*Rocco e seus irmãos*
João Antonio de Paula ........................................................................23

**A família em Ingmar Bergman**
Mirian Jorge Warde ............................................................................31

**Tradição, afeto e interesse: um retrato complexo da família em *Mamãe faz 100 anos*, de Carlos Saura**
Cláudio Marques Martins Nogueira ....................................................47

**Natal em família: relações de parentesco na contemporaneidade**
Áurea Regina Guimarães Thomazi .....................................................61

**O avesso do avesso: aproximações ao filme *Lavoura Arcaica* no contexto de uma pedagogia do olhar**
Monica Fantin e Gilka Girardello .......................................................75

**Lugar nenhum na África: desafiando memórias e afetos**
José de Sousa Miguel Lopes ................................................................91

***As invasões bárbaras***
Pedro Silva e Ana Diogo ...................................................................103

**Cartas sobre *Conversando com mamãe***
Écio Antônio Portes e Maria Amália de Almeida Cunha ..................115

*Um herói do nosso tempo*: reconfigurando
trajetórias familiares e identitárias
Carla Fonseca Lopes ............................................................................129

**Entre o partir e o (re)partir laranjas: a família
sob o olhar da criança em *A culpa é do Fidel!***
Carlos André Teixeira Gomes, Inês Assunção
de Castro Teixeira, Marcos Daniel Teixeira Gomes ........................147

**A família como obra de arte em *Hanami: cerejeiras em flor***
Hiran Pinel ............................................................................................167

**FICHA TÉCNICA DOS FILMES** ............................................................185

**SOBRE OS AUTORES** ........................................................................189

# Não mais Prefácio
## Na ausência/presença de Bartolomeu Campos de Queirós[1]

Este "Não mais Prefácio" exige uma explicação ao leitor. Os organizadores desta coletânea, sexto volume da Coleção Cinema, Educação e Cultura, sabiam que Bartolomeu conhecia os volumes anteriores e que os apreciava. Sentíamo-nos gratificados sempre que, de longe em longe, em encontros esporádicos em livrarias de Belo Horizonte, dele recebíamos elogios a esse trabalho. E sempre acalentamos o desejo de que ele estivesse nesse projeto conosco, o que nos honraria sobremaneira.

Habituados a valorizar a inventividade literária, a arte de burilar palavras de Bartolomeu, sabíamos também que ele estava envolvido em seu próprio labor literário e que, por esse fato, talvez fosse difícil que aceitasse mais essa tarefa. Mas nos enganamos. Sendo, pois, admiradores confessos de sua obra, uma enorme satisfação e alegria nos invadiram quando ele aceitou prefaciar esta coletânea, com sua prosa poética, que já se tornou emblemática no campo do que mais inovador e belo existe na literatura de língua portuguesa.

---

[1] Bartolomeu Campos de Queirós nasceu em Papagaio (MG), em 1944. É autor de 66 livros (alguns deles traduzidos para inglês, espanhol e dinamarquês) e é considerado um dos principais autores da literatura infantojuvenil brasileira. Queirós cursou o Instituto de Pedagogia em Paris e participou de importantes projetos de leitura no Brasil. Foi presidente da Fundação Clóvis Salgado/Palácio das Artes e membro do Conselho Estadual de Cultura, ambos em Minas Gerais. Foi idealizador do *Movimento por um Brasil Literário*, do qual participou ativamente. Por suas realizações, recebeu condecorações como *Chevalier de l'Ordre des Arts et des Lettres* (França), Medalha Rosa Branca (Cuba), Grande Medalha da Inconfidência Mineira e Medalha Santos Dumont (Governo do Estado de Minas Gerais). Ganhou ainda o Grande Prêmio da Crítica em Literatura Infantil/Juvenil pela APCA, Jabuti e Academia Brasileira de Letras. Entre suas obras destacam-se *Lalaca, Indez, Flora, Mais com mais dá menos, De não em não, Estória em 3 atos, Por parte de pai, Vermelho amargo, O olho de vidro do meu avô, Onde tem bruxa tem fada*.

Assim sendo, no final de dezembro de 2011, enviamos todo o material da coletânea para que ele pudesse conhecer os conteúdos dos textos produzidos pelos vários autores. Não sabemos, contudo, se ele já teria iniciado a escrita do prefácio, se já estaria em fase adiantada de elaboração ou se o teria concluído. Certo é que fomos surpreendidos pela sua morte, que nos deixou mergulhados em enorme tristeza, pelo que representa ele como pessoa, para a cultura brasileira e não só.

Após os primeiros momentos de atordoamento pela trágica notícia, emergiram forças que nos estimularam a prosseguir. Mas o que fazer? Como encontrar alguém para ocupar o lugar de Bartolomeu? Seria quase impossível e não haveria tempo hábil para convidarmos outro/a autor/a para substituí-lo neste empreendimento. Mesmo que houvesse, de imediato nos demos conta de que ficaríamos com um permanente vazio na coletânea e em nossas consciências, pela sua "não presença". De fato, o prefácio deste livro já estava, simbolicamente, impregnado da presença literária de Bartolomeu. Tornou-se, assim, praticamente impossível "ausentá-lo" deste espaço.

Mas era preciso ainda dar mais um passo. Era preciso homenageá-lo de alguma forma, agradecendo sua generosidade conosco, não somente pelo aceite ao nosso convite, mas pela obra que nos deixou. Pensamos, pois, em resgatar algumas passagens de sua exuberante criação para que possamos sorver uma vez mais a beleza de sua literatura. Dela extraímos, pois, fragmentos de alguns de seus livros nos quais a temática da família e das experiências familiares, do cinema, do livro, da leitura e da literatura, da fantasia, da liberdade e da escrita, do nascimento e da morte, da educação, do professor e da escola, do silêncio e outras mais são pensados e escritos, de forma lúcida e lírica, como num jardim de palavras e ideias em primavera, reforçando a sua participação na coletânea.

Esta passagem de Bartolomeu nos inspirou a dar este passo: "O grande patrimônio que temos é a memória. A memória guarda o que vivemos e o que sonhamos. E a literatura é esse espaço onde o que sonhamos encontra o diálogo. Com a literatura, esse mundo sonhado consegue falar" (Queirós).

Com a palavra, Bartolomeu Campos de Queirós:

## Bartolomeu por ele mesmo

Nasci com 57 anos. Meu pai me legou seus 34, vividos com duvidosos amores, desejos escondidos. Minha mãe me destinou seus 23, marcados com traições e perdas. Assim, somados, o que herdei foi a capacidade de associar amor ao sofrimento... Morava numa cidade pequena do interior de Minas, enfeitada de rezas, procissões, novenas e pecados. Cidade com sabor de laranja-serra-d'água, onde minha solidão já pressentida era tomada pelo vigário, professora, padrinho, beata, como exemplo de perfeição.

Cheguei a ter como ídolo São Tarcísio. Usei fita amarela de sua cruzada com custódia bordada na camisa. Mesmo sem pretensões literárias, Lili – cartilha amada por muitos do meu tempo – foi um livro encantado, falando da menina que comeu muito doce e não deixou quase nada para mim. Também Lili foi o meu livro, guardado com as chaves do egoísmo próprio da criança. Minha família, grande, não separava muito as coisas. Tudo era misturado: velório, batizado, bodas, leituras e dores. Hoje escrevo para matar a saudade de um tempo feito de contrários, para dar sentido às fantasias reprimidas, numa casa onde sonhar servia para jogar no bicho. Por ser assim, durante muitos anos, escrevi dizendo ser para mim mesmo. Agora, meio mudado, gosto muito de ter e conhecer os meus leitores.

[...] Meu pai era caminhoneiro e minha mãe era uma leitora, uma grande leitora e dona de casa. Devo o meu gosto pela palavra também ao meu avô.

[...] Fui alfabetizado nas paredes do meu avô. Eu perguntava que palavra é essa, que palavra é aquela. Eu escrevia no muro a palavra com carvão, repetia. Ele ia lá para ver se estava certo. Na parede da casa dele, somente ele podia escrever. Eu só podia escrever no muro. Esse meu avô tinha um gosto absoluto pela palavra e era muito irreverente. Eu era o grande amigo dele.

[...] Hoje, brinco muito ao afirmar que escrevemos para fazer carinho na gente. Tem horas que a única coisa que posso fazer por mim é escrever. Fazer um pouco de carinho em mim.

[...] Tive uma infância junto com as metáforas.

## Histórias de família

[...] Parecia muito pequeno o ideal de meu pai, naquele tempo, lá. A escola, onde me matriculou também na caixa escolar – para ter direito a uniforme e merenda – devia me ensinar a ler, escrever e fazer conta de cabeça. O resto, dizia ele, é só ter gratidão, e isso se aprende copiando exemplos. [...] Difícil não conferir razão a meu pai em seus momentos de anjo. Ele pendia a cabeça para a esquerda, como se escutando o coração, e falava sem labirintos. Dizia frases claras, acordando sorrisos e caminhos. Parecia querer argumentar sem ele mesmo ter certeza, tornando assim as palavras cuidadosas.

[...] *"E nessa noite eles dormiam por terra, entre trastes, frio e mais abandono. Foi no coração do escuro que os soluços acordaram a mãe de sua madorna. Ela trancou os ouvidos com as mãos e desespero. Tentou retomar o sono apertando os olhos e alucinada. [...] Ela bem conhecia a origem das lágrimas dos meninos. Era a Fome, hóspede previsível. Entrava sem chaves, sem respeitar trancas. Surgia sem consentimento, negando trégua ao repouso. Mas na casa só havia o vazio e o resto. A Fome, há muito, andava corroendo tudo [...]. Era maio, e o frio da noite aquecia mais e mais a Fome. Na casa, porém, só havia o vazio e o resto. Nem mais tempo, esperança ou ruído. Mesmo as moscas já não mais zumbiam sua música ou pousavam nos lábios ressecados dos filhos, quando adormecidos. No fogão, as cinzas do que antes fora fogo acusavam a ausência de tudo. Quanto menos se possui, com mais frequência a Fome nos visita – a mãe suspeitava [...]. A mãe, há muito, não abria o rosto em sorriso e as mãos para os carinhos. E se na noite faltava sono, o sonho era preenchido com memórias e pesares. A Fome devorava também os amores, lastimava a mulher.*

**Cinema**

[...] *Quando o cinema foi inaugurado, era um galpão muito grande, com um lençol no meio. Quem era alfabetizado via o filme de frente porque não podia botar o lençol no fundo do barracão, pois desfocava a imagem. O lençol ficava no meio. Os alfabetizados ficavam na frente e liam. Os analfabetos ficavam atrás do lençol e pagavam meio ingresso. Viam o filme ao contrário, mas a legenda não era problema. Ninguém lia. E o meu avô falava: "Na terra de cego quem abre cinema é doido".*

**Viver, morrer, amor/amar**

[...] Viver, para mim, é um espanto muito grande. Nascer é um ato extremamente arbitrário. Ninguém me perguntou nada. É um dos fatos mais arbitrários do mundo.

[...] Morrer é outra coisa arbitrária. Saber que é uma experiência individual. Só posso nascer do meu parto e só posso morrer da minha morte. Por mais que ame o outro, são coisas que não posso fazer no lugar dele. Não poder morrer no lugar de ninguém é uma coisa tão arbitrária. Uma educação que não trabalha com isso passa ao largo. Perde o cuidado com a vida. A educação que não tem esse cuidado, que nascer é ganhar o abandono. Nascer é ser expulso do paraíso, é andar com a própria perna, é falar com a própria boca, é ouvir com o próprio ouvido. Nascer é o abandono e é isso que nos faz ter compaixão pelo outro. A compaixão surge com a consciência desse abandono, com o medo da morte. É aí que criamos uma paixão pelo outro. Essa compaixão surge dessa nossa fragilidade, que é absoluta. E nós não falamos mais nisso. A literatura para criança, às vezes, não fala disso. Tenho um livro – Até passarinho passa – que fala da morte. A morte nos espanta tanto que não queremos nem pensar. Mas é o que nos segura.

[...] Ao amar, desvendei a serventia do corpo para além de guardar a alma imortal. Até então, o corpo só me servia para carregar no estômago o tomate [...] No amor, meu corpo delatou a presença da alma, que veio morar na superfície da minha pele. [...] A mão do amor roçava meu corpo – mansa como a melancolia – afrouxando-me inteiro. Eu me entregava, sem reservas, com paixão e desmedo. Sumir dentro do meu amor, perder-me em sua respiração, encarnar-me em sua carne, ser o sonho de meu amor, era tudo o que eu pensava. [...] Meu amor me acrescentava mais pecados...

Belo Horizonte, junho de 2012<br>
Inês Assunção de Castro Teixeira<br>
José de Sousa Miguel Lopes

# Apresentação

Inês Assunção de Castro Teixeira
José de Sousa Miguel Lopes

O tema família é uma presença viva em nossas histórias individuais e coletivas. Inventada e reinventada em várias culturas e épocas, tendo essa ou aquela configuração e importância; enredada em encontros, conflitos e tensões; visível nos tempos cotidianos e na longa duração histórica; entre alegrias e sofrimentos, alargando e limitando nossas experiências e humana condição, a temática da família não poderia faltar no repertório das Ciências Humanas e Sociais, das Artes e outras formas de reflexividade. Está entre as questões que têm causado mais polêmica ao longo dos tempos. As diversas posições teóricas, sociais e políticas a referenciam, existindo quase sempre uma preocupação com tudo o que lhe diz respeito.

A família destaca-se na transmissão da herança dos bens materiais e simbólicos de caráter privado em diversas sociedades, culturas e épocas. É clara, também, sua importância na experiência e formação dos vínculos afetivos com os pais (filiação), com irmãos (fraternidade), avós e tios, cônjuges, etc., com repercussões vastas e variadas. Além disso, os viveres, as mudanças e as transições mais importantes dos ciclos da vida humana geralmente se realizam nos contextos familiares, tais como a infância, a juventude, a adultez e o envelhecimento, como também neles transcorrem as experiências da maternidade e da paternidade, do nascimento e da morte.

Ausente do estado da natureza, em sua forma mais geral, a família aparece com a revolução que marca a passagem para a sociedade civil e a instituição da propriedade (ENGELS, 1995; BOUDON; BOURRICAUD, 1993). Modernamente, ganha novos contornos, com a separação dos locais de moradia e trabalho. O grupo doméstico-familiar perde seu caráter de unidade econômica, de instância de produção, constituindo-se como um espaço de reprodução da força de trabalho e como um espaço de aprendizados e realizações afetivo-emocionais. À frente, com a ampliação física das casas, torna-se também um espaço da privacidade, da individualidade, da intimidade (PROST, 1992).

Sendo um dos principais territórios nos quais as gerações humanas se encontram e se tensionam, se interrogam e se completam, nos tempos e espaços dos grupos familiares, convivemos com os parentes de "sangue" – corpos nascidos dos mesmos corpos – e com os parentes "políticos" – corpos unidos e as respectivas alianças deles derivadas (DURÁN, 1988). Por ser assim, famílias envolvem tempos e espaços de afeição e reciprocidade. De trocas com aqueles a quem estamos ligados por motivos econômicos, de propriedade e partilha de bens, e por vínculos psíquicos e de sentimentos. Os territórios e temporalidades da família envolvem também conflitos e embates, problemas e soluções, assim como projetos e ações compartidos relativos às gerações que neles se aproximam e se afastam pelas diferenças de suas localizações nos ciclos da vida e nos transcursos históricos.

Os territórios da família são espaços de memória e lembranças compartidas: das histórias dos avós, das recordações de grandes momentos comuns, que conferem ao grupo um sentimento de parte e pertença, de identidade. Neles estão os personagens e casos de família, as fotografias e objetos antigos da casa, carregados de significação que os estranhos desconhecem. Essas feições da convivência, as práticas sociais e rituais familiares, exprimem e modulam biografias.

Vê-se, ainda, que a família se encontra em constante mudança, por participar dos dinamismos próprios das relações sociais, das estruturas e dinâmicas sócio-históricas e culturais nas quais se insere. Imersa na dialética da continuidade e da mudança, do fixo e do mutante, a família está em constante fluxo. Modifica-se permanentemente e se diversifica, diferenciando-se nas várias épocas, culturas e povos. Como também se altera, ganhando diversos contornos e dinamicidade mediante as clivagens sociais de classes, étnico-raciais, territoriais, nacionais, entre outras nas quais os grupos familiares se posicionam.

Por isso e muito mais, a família está nas telas do cinema tanto quanto está presente em seus tempos, espaços e territórios. Seja nas salas e demais dependências que habita, como as salas das casas, seja nas salas de cinema frequentadas por grupos familiares ou parte deles. A família está nos argumentos, enredos e roteiros fílmicos de um lado. E, de outro, está assistindo a filmes nos quais, muitas vezes, se vê projetada, indagada, reinventada em um movimento de mão dupla no qual *a família vai ao cinema e o cinema vai* à família.[1]

Por isso e muito mais, a Coleção Educação, Cultura e Cinema traz aos leitores/as, em seu sexto volume, esta temática, tão cara a todos e todas nós.[2] E como as possibilidades e reflexões teóricas a respeito dessa temática são não somente polêmicas, mas inúmeras, optamos por deixar essa necessária discussão a cargo dos diretores/as dos quais escolhemos os filmes e dos colaboradores/as que convidamos para escrever os artigos sobre essas obras fílmicas.

Montamos a coletânea *A família vai ao cinema* tomando como ponto de partida bons filmes que discutem essa problemática, produzindo uma variada reflexão a respeito, que possa servir como um estimulante instrumento de debate para os educadores, e não só. Para isso, foram convidados educadores e pesquisadores do Brasil e de Portugal para a escrita dos textos que a constituem, sem contudo, qualquer propósito de esgotar a temática, a cinematografia e o elenco de colegas que nela poderiam estar. A todos eles e elas, agradecemos

---

[1] Relembrando uma das elaborações escritas de Milton José de Almeida (1999, p. xi), a quem reverenciamos nesta coletânea, o cinema, um assunto laico, é uma "produção da indústria e da cultura não acadêmica, produção complexa para o consumo e entretenimento de qualquer pessoa, de qualquer grupo social, para a qual basta levar o próprio corpo à sala de exibição, sentar e permanecer com os olhos abertos. Junto a todos os outros, permanecerá em quase imobilidade e absolutamente só. Talvez, por isso, o cinema seja a arte que melhor expresse e faz com que se expresse o viver contemporâneo urbano: estar só, estando junto. Uma solidão compartilhada com as pessoas na tela. Um estranhamento com os personagens da vida cotidiana..." (ALMEIDA, 1999).

[2] Lembramos que os demais volumes da Coleção Educação, Cultura e Cinema, da Editora Autêntica, são: *A escola vai ao cinema*; *A mulher vai ao cinema*; *A diversidade cultural vai ao cinema*; *A infância vai ao cinema* e *A juventude vai ao cinema*. O quarto volume da coleção, sobre a infância, tem também como co-organizador o Prof. Dr. Jorge Larossa Bondía (Universidade de Barcelona), e o quinto volume, da juventude, o Prof. Dr. Juarez Tarcísio Dayrell (Universidade Federal de Minas Gerais).

pelo aceite a nosso convite e renovamos nossos agradecimentos por essa dádiva e colaboração conosco.

Destaca-se, ainda, na coletânea a presença/ausência de Bartolomeu Campos de Queirós no prefácio. Pessoa humana e escritor de que somos grandes admiradores e permanentes leitores, sempre quisemos tê-lo conosco no projeto desta coleção. Quando do nosso convite para prefaciar o livro, generosamente o havia aceitado, o que teria sido uma grande honra e uma enorme alegria. Contudo, antes de nos enviar esse trabalho, ele foi retirado de nosso convívio. Mas o espaço da coletânea que lhe estava reservado foi mantido, incorporando algumas de suas mais brilhantes reflexões e ampliando, assim, o seu significado e a sua importância não só para a coletânea, mas para todos aqueles que o guardarão em sua lembranças.

Detalhando um pouco mais e anunciando o que o leitor e a leitora encontrarão na coletânea, seguem breves indicações sobre os artigos que a constituem, sendo que a ordem de apresentação dos mesmos seguiu o critério cronológico, dos filmes mais antigos aos mais recentes.

Oferecendo-nos elementos sobre o homem e diretor Luchino Visconti, sobre seu contexto e seu cinema, o primeiro artigo é assinado por João Antonio de Paula, que escreve sobre *Rocco e seus irmãos*. O autor registra que o filme é sobre a história de uma mãe, sua filha e seus três filhos em busca de uma "vida melhor e mais próspera". Além de considerá-la uma das grandes obras desse diretor do cinema italiano – que além de Rocco fez outros filmes sobre a temática da família –, João Antonio observa que nele está uma importante lição: a ideia de uma precondição necessária à plena emancipação humana, qual seja, a existência de "uma terra sem Deus e sem diabo, só de homens e mulheres livres".

O segundo artigo intitula-se "A família em Ingmar Bergman". Escrito por Mirian Jorge Warde, analisa o filme *Sonata de outono*, do mestre Ingmar Bergman. Trata-se da história do reencontro de mãe e filha após um hiato de sete anos que acaba convergindo para uma dura batalha de verdades e ressentimentos, um filme sobre as relações do ser humano e a maneira como lidamos com nós mesmos. Para a autora, neste tema da família está bem presente o caráter freudiano da abordagem de Bergman. Freud foi longe na história para desvendar a família moderna, a família burguesa, à qual ele pertencia, bem como seus pacientes.

Na sequência da coletânea temos "Tradição, afeto e interesse: um retrato complexo da família em *Mamãe faz 100 anos*, de Carlos Saura". Conforme Cláudio Marques, o filme tem um enredo simples, que prossegue a obra anterior do autor, *Ana e os lobos*. Segundo o autor, o filme é ambientado em sombrio e isolado cenário, com elementos de comédia e drama, no qual a figura da mãe é *cômica, exagerada, caricatural, alegórica*. Pode também ser visto como uma parábola, relativa ao fascismo espanhol, sendo inadequado reduzi-lo à ideia de uma família cujos interesses materiais superam os laços emocionais, pois a discussão é muito mais ampla. Remete-nos ao "frágil e ambíguo equilíbrio entre afeto e interesse presente em todas as famílias", ultrapassando a idealização da mesma.

O quarto artigo intitula-se "Natal em família: relações de parentesco na contemporaneidade", no qual Áurea Regina Guimarães Thomazi se debruça sobre o filme *Parente é serpente*, de Mario Monicelli. Sem muita convivência, os valores e os compromissos entre os membros da família descritos no filme vão-se modificando. Percebe-se bem como os filhos, filhas e cônjuges do casal Colapietro se definem diante de várias opções sobre como resolver o impasse de se responsabilizarem pelos pais. E vê-se também que foram capazes de escolher uma opção e decidir por eles próprios, conforme a autora salienta.

O texto que segue, o quinto artigo da coletânea, "O avesso do avesso: aproximações ao filme *Lavoura Arcaica* no contexto de uma pedagogia do olhar", escrito por Monica Fantin e Gilka Girardello, faz uma digressão em torno do filme *Lavoura Arcaica*, de Luiz Fernando Carvalho. Segundo as autoras, o fluxo de consciência do protagonista se confronta com um turbilhão de sentimentos, catalisados pela irrupção de um amor incestuoso pela irmã. Nem mesmo o carinho exacerbado da mãe o impede de abandonar a família, numa revolta contra a opressão do pai. Sua volta para casa, pela mão do irmão mais velho, deflagra o cenário de conflitos que explode finalmente em tragédia.

Na sequência, José de Sousa Miguel Lopes escreve o artigo "Lugar nenhum na África: desafiando memórias e afetos" no qual discorre sobre o filme *Lugar nenhum na África,* da diretora Caroline Link. Segundo Miguel Lopes, a diretora conta duas histórias, examinando as complicadas negociações do casamento de um advogado que, relegado para um campo de trabalho, perde a sua autoestima e de uma mulher bonita que deliberadamente cultiva hábitos burgueses e tem dificuldade em deles se desvencilhar. A trama em que esses personagens estarão enredados revelará os conflitos interiores dessa família no seu relacionamento com o entorno cultural africano em que passará a estar envolvida.

*As invasões bárbaras* é o título do sétimo artigo da coletânea e foi escrito por Pedro Silva e Ana Diogo, nossos convidados de Portugal. Nele os autores tecem considerações sobre o filme com o mesmo nome, do diretor Denys Arcand. Pedro Silva e Ana Diogo salientam que a trama do filme gira em torno de um homem cinquentenário, enfermo e hospitalizado, e Sébastien, seu filho, com quem tinha relações frias e distantes. A aproximação começa a construir-se quando Sébastien é chamado pela mãe e vai-se inteirando do estado moribundo de seu pai. A partir daí começa a desenrolar-se a história, que nos vai introduzindo novas personagens e novas peripécias de um modo, em geral, divertido, mesmo quando lida com assuntos sérios como a história, a droga, a morte ou a eutanásia.

Escrito de forma original, em cartas trocadas entre Écio Antônio Portes e Maria Amália de Almeida Cunha, vamos vendo e revendo *Conversando com mamãe*, uma produção do cinema argentino-espanhol, escrita e dirigida pelo argentino Santiago Carlos Oves (2004). Segundo Écio, trata-se de um filme com direção impecável, que entre outras de suas grandezas é "uma prova fundamental de que discutir, enfrentar as discussões, aprofundar nas argumentações vale a pena, mesmo que isso possa se dar de forma dolorosa". E segundo Maria Amália nele está, entre várias outras questões relativas à família, a temática das definições de práticas, normas e transgressões mais ou menos legítimas para as "idades da vida", visíveis nas conversas da velha mãe com seu filho e no namoro dela com um combativo senhor aposentado, militante dos protestos nas ruas de Buenos Aires. Nessa feliz correspondência e exercício do pensamento no qual *conversam com mamã,* com sensibilidade e astúcia intelectual, Écio e Amália vão trançando a inventividade fílmica de Santiago Carlos Oves com a imaginação sociológica de Wright Mills.

O próximo texto é "Um herói do nosso tempo": reconfigurando trajetórias familiares e identitárias", no qual Carla Fonseca Lopes analisa o filme *Um herói do nosso tempo*, do diretor Radu Mihaileanu. Segundo a autora, trata-se da saga de menino cristão nascido na Etiópia, que perde quase toda a família na estrada entre seu país e o Sudão para viver em Israel. Ainda conforme Carla, o filme é uma narrativa que sacode pela emoção, mas também faz refletir sobre a identidade pessoal e cultural, no processo de formação de um judeu etíope, no papel da família no compartilhamento de modelos, de valores, crenças e sobretudo no suporte dela para a sua caminhada como sujeito responsável e ético.

O artigo que segue, o décimo texto da coletânea, intitula-se "Entre o partir e o (re)partir laranjas: a família sob o olhar da criança em *A culpa é do Fidel!*". É uma coautoria de Inês Teixeira, Marcos Daniel e Carlos André, mãe e filhos que se envolveram e comoveram com o filme de Julie Gravas *A culpa é do Fidel!* conforme disseram. Entre outras razões, porque nele encontraram parte de suas histórias familiares dos anos 1970 e 80, semelhantes às de inúmeras famílias daquela época, cujos pais tiveram e criaram seus filhos dividindo-se entre suas responsabilidades de progenitores e a militância política. Tal como o pai e mãe de Anna, que tentavam transmitir-lhes o "espírito de grupo" pelo qual lutavam. Destacando a primorosa interpretação da garota, nossos colaboradores registram que o drama revela o universo e a condição da infância vividos por Anna mediante conflitos de modos de vida e valores que aprendia com seus pais frente a outros, muito diferentes, que a menina observava e aprendia com sua avó, com as freiras da escola que frequentava e com uma de suas babás.

Prosseguindo e concluindo os artigos da coletânea, Hiran Pinel escreve o texto "A família como obra de arte em *Hanami: cerejeiras em flor*", baseado no filme *Hanami: cerejeiras em flor*, de Doris Dorrie, lembrando que *Hanami* é o nome de uma festa japonesa na qual se reúnem amigos e famílias inteiras "para juntos compartilharem os diversos modos de observar as flores de cerejeiras (sakura)". A partir de cenas e imagens do filme e dialogando com alguns pensadores, Hiran vai mostrando as conflitivas situações familiares nas quais o velho pai, seus filhos e noras se envolvem, com a inesperada morte da mãe, por ocasião da viagem do casal de velhos ao Japão, onde reside um de seus filhos e onde o casal de velhos desejava ver as cerejeiras em flor. Ao longo de seu texto Hiran nos convida a pensar a família "como obra de arte" e "a vida vivida em família" como uma experiência estética.

Finalizando, ressaltamos que, ao cumprir modernamente uma responsabilidade histórica, os grupos familiares devem servir, efetivamente, como ambiente propício à promoção da dignidade e da realização humana, não apenas de seus membros, mas para a realização da felicidade e dignidade em todas as suas formas: humanas e não humanas. As famílias, em todas as suas configurações, contextos e circunstâncias, deverão abrir-se e colaborar efetivamente com aprendizados, experiências e sentimentos, com esperanças e valores que contribuam para o bem viver de todos. Inserida em processos históricos mais amplos, a partir da "mãe natureza", a família não pode ser pensada isoladamente e deverá ultrapassar seus interesses particulares, em nome da coletividade mais ampla: nossa maior fortuna, nosso maior patrimônio.

O cinema, de igual forma. No mundo contemporâneo, marcado pelas tecnologias e pelos meios de comunicação de massa, o cinema pode desempenhar um papel cada vez mais importante. Por isso, são necessários projetos e trabalhos, são necessárias ações articuladas das famílias, das instituições escolares e dos educadores nessa direção. Sabemos que somos "educados" e "influenciados" também pelo cinema, uma das razões pelas quais a escola deverá compreender e incorporar mais e melhor essa arte, desvendando os seus códigos, suas possibilidades expressivas, como também suas possíveis manipulações.

Esperamos que esta coletânea, que se aproxima e dialoga com o cinema e a família pensando a escola, os processos educativos e seus sujeitos, auxilie na realização desta tarefa. Também esperamos que os filmes e textos escolhidos e ofertados para esta publicação propiciem não somente momentos de fruição, mas o alargamento de nossas ideias e a compreensão da temática da família através do bom cinema.

## Referências

ALMEIDA, Milton José de. *Cinema*: arte da memória. Campinas: Autores Associados, 1999.

ENGELS, Friedrich. *A origem da família, da propriedade privada e do Estado*. Rio de Janeiro: Bertrand Brasil, 1995.

BOUDON, Raymond; BOURRICAUD, François. *Dicionário crítico de sociologia*. São Paulo: Ática, 1993.

DURÁN, Maria Angeles (Org.). *De puertas adentro*. Madrid: Ministério de Cultura / Instituto de la Mujer, 1988.

PROST, Antoine. *História da vida privada*, 5: da primeira guerra aos nossos dias. São Paulo: Companhia das Letras, 1992.

# *Rocco e seus irmãos*

João Antonio de Paula

Luchino Visconti (1906-1976) é um dos grandes nomes do cinema mundial. Nascido em antiga família de nobreza milanesa, homem culto e informado, Visconti adotou o marxismo, colocou-se à esquerda lutando seja contra o fascismo italiano, seja contra o conjunto da ordem burguesa, em particular sobre suas manifestações sobre a vida cultural.

Sua carreira no cinema iniciou-se em 1936 como assistente de direção do grande cineasta francês Jean Renoir no filme *Le Bas-Fonds*. Atuou como assistente de direção e roteirista de Jean Renoir em outros dois filmes: *Une Partie de Campagne*, de 1937, e no projeto inconcluso de filmagem de *La Tosca*, de 1940, baseado na peça de Victorien Sardou.

À ópera e ao teatro Visconti dedicou-se intensamente, sendo reconhecido como mestre na montagem e direção dessas formas de espetáculos. Em 1942 dirigiu seu primeiro filme, *Ossessione*, baseado no romance de James Cain *The Postman Always Rings Twice*, que posteriormente foi levado às telas mais duas vezes em produções norte-americanas.

Em 1948 Visconti filmou *La Terra Trema*, baseado em história do grande escritor italiano Giovanni Verga, filmado sem atores profissionais, em comunidade de pesquisadores de Aci Trezza, na Sicília, que é considerado um dos marcos do chamado neorrealismo italiano, movimento-escola que abriu caminho para a atualização da estética cinematográfica contemporânea seja pela temática que buscou apreender o cotidiano, a vida comum, de personagens comuns; seja pelo despojamento cenográfico; seja pela economia de meios, que permitiram que os filmes pudessem ser feitos com orçamentos mais modestos, abrindo caminho para o cinema feito na periferia, para filmes experimentais, para a ousadia e a criatividade, como é o caso de movimentos como a *Nouvelle Vague* francesa, como o *Cinema Novo brasileiro*, entre outras manifestações e correntes.

Apesar de seu papel decisivo na construção da estética neorrealista, Visconti não se fixou nela, tendo sido responsável por alguns dos filmes mais faustosa e elegantemente construídos como são *O Leopardo*, de 1963; *Morte em Veneza*, 1971; *Ludwig, o Rei Louco da Baviera*, 1972; *Violência e Paixão*, 1974; *O Inocente*, 1976; em listagem que está longe de ser exaustiva.

Visconti, ligado ao teatro e à ópera, não ligou-se menos à literatura. De fato, suas referências, seu universo simbólico, remetem à grande cultura burguesa dos séculos XIX e XX. Seus autores de eleição, seus temas e suas motivações são os que marcaram a cultura burguesa, tanto em seu momento de auge, durante grande parte do século XIX, quanto, sobretudo, quando irromperam diversas manifestações de crise, de caducidade, de decadência. Com efeito, o cinema de Visconti é tanto o registro da afirmação da ordem burguesa em registro vitorioso, como é o caso de *O Leopardo*, que captou momento fundamental da imposição da modernização burguesa na Itália, o momento do *Risorgimento*, da unificação italiana que ocorreu entre 1861 e 1870; quanto é a representação da prostração, da degeneração, da decadência social, econômica, política e cultural. É esse o clima, o ambiente de inderrogável fracasso, que se vê em filmes como *Deuses malditos*, de 1969, em que se cria o momento infame da aliança entre a grande burguesia alemã e o nazismo. De decadência física e moral se fala também em filmes como *Morte em Veneza*; em *Ludwig, o Rei Louco da Baviera*; em *Violência e Paixão*; em *O Inocente*.

Pelos projetos não realizados de Visconti, projetos que ele acalentou, pelos quais mobilizou seu grande prestígio junto a financiadores e produtores, e que não se viabilizaram, é possível vislumbrar algo essencial de seu universo artístico, de suas ambições, de sua confiança na capacidade do cinema de expressar as grandes questões da cultura e da sociedade. É esse o sentido da intenção de Visconti de filmar *À Procura do Tempo Perdido*, de Marcel Proust; é esse o sentido do projeto de filmar os grandes romances de Thomas Mann, em que a realização de *Morte de Veneza* era vista por ele como simples introdução ao universo do grande romancista alemão.

A literatura é a matéria básica do cinema de Visconti. Estão lá escritores italianos – o já mencionado Giovanni Verga; Camilo Boito; Giovanni Testori; Giuseppe Tomasi de Lampedusa, autor do romance *O Leopardo*; Giacomo Leopardi, autor do verso "Vagas estrelas da Ursa", que abre o poema de Leopardi *Lembranças* e que dá nome ao filme de 1965; *O Inocente*, último filme de Visconti, é baseado em romance de Gabriele D'annunzio. Aos italianos agreguem-se outros grandes nomes da literatura europeia como Dostoievski, Albert Camus, Thomas Mann, entre outros grandes nomes que Visconti cultivou.

Mais de uma vez Visconti abordou em seus filmes o tema da família. É um drama familiar que se vê desenrolar em *Belíssima*, de 1951, baseado na ópera de Donizetti, *Elixir d'Amore*. Nesse filme, o rosto magnificamente intenso de Anna Magnani dá vida a uma mãe obcecada pela ideia de fazer da filha uma grande estrela do mundo artístico. É sobre uma família, uma família da grande burguesia italiana, corrupta e devassa, o filme *Violência e Paixão*, em que o mundo recluso e equilibrado de um velho professor, homem culto e desesperançado, é sacudido pela invasão de novos bárbaros, senhores do dinheiro e do poder.

É certo que, desde sempre, o espaço familiar nunca foi apenas paz, proteção, confiança, aconchego.

Aprendemos com os gregos clássicos a reconhecer na família, nas relações familiares, a presença do trágico, do incontrolável das paixões, do que fere e mutila.

Aprendemos com a historiografia contemporânea que sentimentos, que parecem eternos e naturais, como os de paternidade, maternidade, amor filial, pertencimento familiar, são relativamente recentes, do século XVII em diante, coextensivos ao desenvolvimento de novas modalidades de moradias, de novas formas de sociabilidade, que vão valorizar e garantir a privacidade, a intimidade, a individualidade.

A tradição judaico-cristã como a tradição greco-latina foram enfáticas no reconhecimento da existência de sentimentos e práticas agressivas, destrutivas no mais íntimo da vida familiar. Inveja, ressentimento, disputas fratricidas estão na base de episódios decisivos da narrativa bíblica, como se vê no caso dos filhos de Adão, dos filhos de Jacó. Mais extremados, os gregos não hesitaram em povoar seus mitos de incestos, parricídios, matricídios. Édipo é o sujeito involuntário de atos abomináveis: o incesto, o parricídio. Agamenon é levado a sacrificar sua filha, Ifigênia, para o bom êxito da guerra contra Troia. Essa violência inaceitável para uma mãe leva a esposa de Agamenon, Clitemnestra, a vingar a morte da filha, a traí-lo e assassiná-lo. É para vingar o crime de Clitemnestra que seus filhos, Electra e Orestes, vão matá-la e ao seu marido, Egisto, usurpador do trono e cúmplice de Clitemnestra.

Esses eventos espantosos foram considerados, durante muito tempo, frutos de uma época distante, de uma humanidade ainda bárbara, em seus primórdios, que a civilização teria domado. Assim, foi com horror e escândalo que foram recebidas as teses de Freud, que afirmavam a permanência, em cada um e em todos nós, de sentimentos que pareciam definitivamente circunscritos a uma distante infância da humanidade. Diz Renato Mezan:

> Na carta 71 a Fliess, de 15/10/1897, ele revela ter descoberto em si mesmo impulsos carinhosos quanto à mãe, hostis em relação ao pai, estes complicados pelo afeto que lhe dedicava. A lenda do Rei Édipo é invocada como modelo mitológico deste conflito, e Freud afirma que a emoção sentida pelos espectadores modernos diante do drama de Sófocles provém do reconhecimento inconsciente de que o que se desenrola no palco já foi vivido por cada um deles em sua própria experiência. A analogia teatral é estendida ao Hamlet de Shakespeare, que não pode se decidir a vingar o assassinato de seu pai porque confusamente se sente culpado do mesmo crime, ainda que no plano imaginário (MEZAN, 1982, p. 189).

Não é preciso concordar com Freud para reconhecer em nossos sentimentos ambivalências, tensões, zonas de sombra. Não é preciso ser freudiano para constatar a existência de manifestações de nossa vida psíquica irredutíveis ao determinismo, ao logicismo, ao pragmatismo, ao estabelecido. Freud surpreendeu a existência desse território psíquico nos atos falhos, nos lapsos, nos sonhos, sede dos desejos e das paixões, mas, também, de onde promanam os sentimentos que nos unem em torno de valores identitários, solidários para além de todo cálculo, de todo individualismo, de tal modo que nossos sentimentos tanto remetem ao *pathos*, quanto ao *ethos*.

Muito antes de Freud, Shakespeare e Dostoievski já nos haviam mostrado o inumerável da alma humana, sua pletórica capacidade de abrigar do sublime ao vil, do que liberta e emancipa ao que aprisiona e amesquinha. No *Rei Lear*, por exemplo, o núcleo familiar se esfacela pela irrupção da inveja, da cobiça, da loucura. Nos *Irmãos Karamazov*, a presença degradante e degradada do pai projeta sua sombra destrutiva sobre tudo e sobre todos.

*Rocco e seus irmãos*, de 1960, remete a Thomas Mann, à sua tetralogia *José e seus irmãos* (*As histórias de Jacó*, 1933; *O jovem José*, 1934; *José no Egito*, 1936; *José o Provedor*); mas, sobretudo, a Dostoievski e seus romances *Irmãos Karamazov* (1880) e *O idiota* (1868).

O roteiro de *Rocco e seus irmãos* foi escrito por Luchino Visconti, Suso Cecchi d'Amico, Pasquale Campanile, Massimo Franciosa e Enrico Medioli, montagem de Mario Serandrei, música de Nino Rota. No elenco: Alain Delon, como Rocco; Renato Salvatori, como Simone; Annie Girardot, como Nadia; Katina Paxinou, como Rosaria; Claudia Cardinale, como Ginetta; Spiros Focas, como Vincenzo; Max Cartier, como Ciro; Rocco Vidolazzi, como Luca.

*Rocco e seus irmãos* é a história de uma família pobre – a mãe, Rosaria, e seus quatro filhos, Simone, Rocco, Ciro e Luca – que migra de Lucânia, no sul da Itália, região agrária e pobre, para Milão, no norte moderno e industrializado, onde já se encontra o filho mais velho, Vincenzo, para melhorar de vida.

Como a família Parondi, retratada no filme, milhares de outras famílias do Sul da Itália fizeram, depois do *Risorgimento*, o mesmo caminho: a busca no norte do que o sul, arcaico, violento, parecia, ainda parece, incapaz de ensejar – uma vida melhor, mais próspera. O substrato sócio-histórico do filme, as desigualdades socioeconômicas entre o Norte e o Sul da Itália, foi e é objeto de constante indagação pelas ciências sociais. Antonio Gramsci dedicou-lhe um texto clássico – *A questão meridional* – em que tenta explicar as razões da clivagem que tem resistido ao tempo, condenando o sul à permanente defasagens em relação ao norte.

Se a Itália não é mais binária, dividida entre um sul pobre e atrasado e um norte rico e moderno, onde há a *Terza Italia*, experiência socioeconômico-política importante baseada na valorização de empreendimentos cooperativos e comunitários, o Sul da Itália não superou, ainda, a sua condição periférica.

*Rocco e seus irmãos* é dos filmes mais apreciados de Visconti. Há quem o veja como sua obra-prima. É possível. E essa grandeza, creio, vem do fato de ser uma espécie de síntese das grandes referências artísticas e culturais de Visconti. No filme há o drama, a tragédia. Sua estrutura em cinco partes reproduz a estrutura do drama clássico. Se há o teatro, não é menos presente em *Rocco e seus irmãos* a literatura, o grande romance realista do século XIX, o romance de Stendhal, de Balzac, de Flaubert, de Dickens, de Dostoievski, de Tolstói. Não se esqueça, também, da música. No caso de *Rocco e seus irmãos* não será despropositado falar-se de uma estrutura sinfônica, com cinco instrumentos solistas, tendo por base a voz intensa e patética daquela Rosaria Parondi, a mãe que tanto sofre quanto faz sofrer pelo impulso de sentimentos e gestos extremados que buscam a proteção e a felicidade da família a qualquer custo.

Cada uma das cinco partes do filme leva o nome de um dos filhos de Rosaria. A primeira parte, Vincenzo, o primogênito, é registro de uma das possibilidades de se lidar com a grande cidade, com suas exigências e desafios. No caso de Vincenzo, isso significou a adaptação em tom menor, a acomodação à mediocridade da vida pequeno-burguesa, a integração à família de sua bela noiva, Ginetta, interpretada por Claudia Cardinale. Vincenzo, é certo, encontrou seu lugar em Milão, o lugar da "mediocridade penosa, opaca", a "submissão ao cotidiano". Diz Visconti: "Encontra uma bela esposa, dorme com ela todas as noites, continua a lhe dar filhos, e continua, continua... Assim é Vincenzo. Resigna-se. Não tem nenhum temperamento revolucionário. Nem o procura ter" (Visconti citado por Prévost, 1967, p. 81).

O segundo ato chama-se Simone. Aqui se está diante do trágico, do personagem que a cada momento se afunda na busca violenta, irrefletida, desmedida de um sucesso que não só não vem como desanda em fracasso, em crime, em abominação. Simone é a "inconsciência de classe", diz Claude Prévost, uma inconsciência viciosa e destrutiva. Simone, o lutador de boxe de êxito efêmero, afundar-se-á, em marcha acelerada, na delinquência, no crime, no assassinato, arrastando nessa queda os que o cercam: Nádia, sua amante, a quem estupra e mata;

Rocco, seu irmão, que chama para si, que tenta redimir pelo sacrifício a abjeção e a má fé de Simone.

Rocco, personagem que dá nome ao filme, é, por certo, a figura mais densa e problemática do drama. Seu exemplo, sua fisionomia moral fazem lembrar tanto o Aliocha de *Os irmãos Karamazov*, de Dostoievski, quanto a sublime ingenuidade do Príncipe Míchkin de *O idiota*, também de Dostoievski. Com Rocco estamos diante de um personagem que armado da mais absoluta boa-fé, que desprendido ao ponto de todo sacrifício, que capaz de doar-se inteiramente ao outro, vê seus sacrifícios, sua imolação inúteis num mundo marcado pela impessoalidade, pela venalidade, pela alienação, pela manipulação, onde tudo o que conta é o que resulta em ganhos e vantagens materiais individuais, sob a forma do dinheiro, do lucro, da mercadoria.

O quarto filho, Ciro, que dá nome à quarta parte do filme, é o personagem mais lúcido do drama. Realista, ele não aderiu, inteiramente, à luta revolucionária, mas pode fazê-lo. Realista se disse dele porque, como grande parte da classe operária a que pertence, também ele é impactado pela ideologia dominante e seus travamentos e sua estratégia de cooptação, de convencimento. Ciro ainda não se decidiu, mas Visconti o vê assim: "Por causa de Ciro, sai-se do filme com um sentimento de felicidade [...] e uma consciência revolucionária mais desenvolvida" (VISCONTI citado por PRÉVOST, 1967, p. 83).

Na última parte do filme, Luca, é a esperança, é o futuro que pode ser, mas não está garantido. Luca, o filho ainda na infância de Rosária, é esta esperança. Pode ficar, lutar e vencer na cidade grande, pode se perder, também, como Simone. Pode voltar para a terra natal, a terra que Rocco lhe descreveu: "A terra dos olivais e dos mares de luar, a terra dos arco-íris" (VISCONTI, 1967, p. 279). Luca é o futuro, mas para que ele seja de fato humano será preciso que ele tenha aprendido com a tragédia da família, com a tragédia simbolizada por Simone e Rocco. Quase no fim do filme há a cena em que Luca procura Ciro na fábrica onde ele trabalha. A essa altura o assassinato de Nádia já fora descoberto e Simone está preso. Diz Ciro para Luca: "Simone é um doente que suja tudo. Espalhou o ódio e a discórdia em nossa casa... E também te estragava quando poderia vir a ser o melhor de todos nós porque aprenderás com nossa experiência. A maldade dele é tão nociva quanto a bondade de Rocco. Isso te parece estranho? É assim.

Rocco é um santo. Mas no mundo em que vivemos, na sociedade que os homens criaram, não há mais lugar para santos como ele. A piedade dele provoca desastres" (Visconti, 1967, p. 289).

Uma terra sem Deus e sem diabo, só de homens e mulheres livres, eis a precondição para a construção da plena emancipação humana, eis a lição de *Rocco e seus irmãos* de Luchino Visconti.

## Referências

MEZAN, Renato. *Freud*: a trama dos conceitos. São Paulo: Perspectiva, 1982.

PRÉVOST, Claude. Natureza e cultura em Luchino Visconti. In: VISCONTI, Luchino. *Rocco e seus irmãos*. Rio de Janeiro: Civilização Brasileira, 1967.

VISCONTI, Luchino. *Rocco e seus irmãos*. Rio de Janeiro: Civilização Brasileira, 1967.

# A família em Ingmar Bergman

Mirian Jorge Warde

**Algumas palavras para iniciar**

Como é frequente entre os grandes nas artes, Ingmar Bergman é perseguido por certos temas. A família está entre os seus primeiros; ou talvez seja mesmo o seu primeiro. Não poderia ser diferente, uma vez que põe na infância a fonte dos padecimentos adultos.

Para Bergman, a dor que lateja no adulto é resultado do(s) golpe(s) desferido(s) por alguém – em regra um dos pais ou ambos – sobre a criança. A filmografia de Bergman é, em larga medida, sobre essa dor que se carrega desde a infância pela vida afora.

Assim como Freud nos ensina os sofridos benefícios de encararmos os nossos fantasmas, uma vez que a civilização não suporta, por muito tempo, os muitos medos que os indivíduos vão empurrando para os sótãos d'alma ou as muitas mágoas que os membros da família vão empurrando para baixo dos carpetes do afeto, Bergman oferece o seu doloroso e sublime exercício de enfrentamento. Assim, assisti-lo é, a um só tempo, catártico e civilizatório.

Como a família está na inteira filmografia de Ingmar Bergman, um bom critério para começar é tomar duas de suas produções nas quais a família é apresentada de forma escancarada como fonte da dor e origem da fragilidade emocional. São elas: *Através de um espelho* (*Såsom i en spegel*), de 1961, e *Sonata de outono* (*Höstsonaten*), de 1978.

No primeiro, entram em cena três homens e uma mulher; no segundo, três mulheres e um homem. Não há sequência entre eles, nem mesmo complementaridade; há sim um jogo curioso no qual vários espelhos partidos em diversos pedaços se refletem. Com isso, um filme pode ser visto "através" do outro. Escolhi focalizar aqui *Sonata de outono*, como se o assistisse "através de um espelho".

## *Sonata de outono*: uma sinopse

Sete anos após o último contato, Eva (Liv Ullmann) decide convidar a mãe, Charlotte (Ingrid Bergman), para uma longa estada na casa paroquial em que vive com seu marido, Viktor (Halvar Björk). Leonardo (Erland Josephson), companheiro de longa data de Charlotte, acabara de falecer. Eva é uma ex-jornalista que havia publicado dois livros antes do casamento; Viktor é um clérigo a quem ela ajuda nos cuidados com a paróquia; a mãe é uma pianista com uma bem-sucedida carreira internacional como concertista. A casa em que Eva e Viktor vivem fica numa pequena e isolada cidade da Noruega. Mal havia chegado, Charlotte é surpreendida com a notícia de que sua outra filha, Helena (Lena Nyman), está vivendo lá. Helena sofre de uma doença degenerativa, e Eva a tirou de uma instituição onde sua mãe a havia internado para dela cuidar, compensando, de alguma maneira, a morte por afogamento do seu filho Erik à véspera do seu quarto aniversário. Em verdade, para Eva o filho continua presente em sua vida; tanto que manteve o quarto do garoto intocado. Charlotte também não via Helena há tempo, e Eva diz que se Charlotte soubesse de sua presença não teria aceitado o convite. Charlotte disfarça o desagrado, mas privadamente confessa seu desprazer. Começa aí uma tensão que vai crescendo até que, numa conversa no meio da noite, Eva, que já havia bebido algum vinho, descarrega sobre a mãe os sofrimentos que suas ausências prolongadas, em concertos pelo mundo, haviam lhe impingido, bem como ao pai há muito falecido. No auge da tensão entre ambas, Eva responsabiliza a mãe pelo agravamento da doença de Helena, que ainda adolescente teria se apaixonado por Leonardo, o então companheiro da mãe, que de alguma maneira acolhera o afeto da enteada. Eva relembra também com muita dor o aborto a que teria sido obrigada pela mãe, aos 18 anos, fruto de um namoro interrompido também por pressão materna.

O início apontava para uma estada prolongada, mas Charlotte a encurtou drasticamente.

A mãe deixa a casa da filha aparentando não ter sido atingida por sua profunda, e quiçá intransponível, infelicidade.

## *Sonata de outono*: assistido de um certo jeito

Logo no início do filme, Viktor diz (à câmera) algumas coisas sobre sua esposa, Eva: antes de se casarem, ela contraiu tuberculose, trabalhou como jornalista e escreveu dois livros. Em um deles, lê:

"É preciso aprender a viver. Eu pratico todos os dias.

Meu maior obstáculo é não saber quem sou.

Eu tateio cegamente.

Se alguém me ama como eu sou,... posso finalmente ter a coragem de olhar para mim mesma.

Essa possibilidade é pouco viável".

Ainda dirigindo-se à câmera, Viktor confessa: "Gostaria de dizer a ela pelo menos uma vez que é amada plenamente, mas não consigo dizer de uma maneira que ela acredite. Não encontro as palavras certas".

Tenta ainda alguma outra coisa a dizer, mas se cala.

Eis aqui o prólogo: Eva "não sabe quem é" e "não se sente amada"; "se fosse amada, conseguiria saber quem é".

Após anos de afastamento, Eva convida a mãe, Charlotte, para ir visitá-los pelo tempo que quisesse. Na primeira cena do encontro, é possível inferir todo o desequilíbrio entre as personalidades das duas mulheres: Eva é meiga, tímida, desajeitada; seu penteado, suas roupas, suas cores remetem ao campo e a um tempo passado, não importa qual. Em contrapartida, Charlotte é forte, imponente, desenvolta; tudo nela transpira elegância urbana e moderna. Curiosamente, em boa parte das cenas, especialmente nas que aparecem juntas, Eva está de frente e Charlotte de perfil.

No primeiro diálogo mais prolongado entre elas já se vislumbra todo o passado que está na base daquela relação: mal havia chegado ao quarto que lhe fora reservado, Charlotte desanda a reclamar de dores nas costas e do cansaço decorrente do tempo que precisou acompanhar o recém-falecido companheiro de anos, Leonardo. Seu relato é um tanto enfadado. Repentinamente, muda de assunto; só aí percebe que sequer havia perguntado à filha sobre sua vida; afinal, sete anos as separavam. Quando Eva começa a falar das noites musicais em que toca órgão e fala "um pouco sobre cada música" para os membros da paróquia onde vive com seu marido pastor, Charlotte gira a conversa para si, o que implica o confronto do acanhado e isolado mundinho da filha com o seu amplo e internacional mundo de concertista. "Fiz cinco concertos na escola em Los Angeles", diz ela. "Três mil crianças de cada vez. Toquei e falei com elas."

Aí, então, Eva lhe conta que Helena está vivendo em sua casa. A mãe reage mal à notícia de que a filha mais nova, vítima de uma doença degenerativa, está lá e Eva não a tinha avisado ("se tivesse falado, você não viria"). Charlotte tinha internado Helena numa clínica, mas há dois anos Eva e Viktor a tinham levado para morar com eles. Eva já havia relatado o fato à mãe em uma carta que Charlotte não recebeu ou "não se incomodou em ler".

Charlotte visita a filha doente em seu quarto. Afeta carinho e alegria. Sequer consegue entender o que a filha se esforça por balbuciar; precisa que Eva a "traduza". De repente, presenteia Helena com seu relógio de pulso.

Para que mesmo Helena precisaria de um relógio de pulso? Aliás, presente dado à mãe por um "admirador"...

Na sequência, intercalam-se cenas de Charlotte conversando consigo mesma no quarto e Eva conversando com Viktor no andar de baixo. Fumando nervosamente, Charlotte reclama: "...sinto a consciência pesada, sempre com a consciência pesada... Mas o que eu esperava?... Aquela é minha Lena...". E diz, a si mesma: "Não chore, pelo amor de Deus". Bruscamente, pensa em encurtar a visita e ir para a África. Enquanto arruma a mesa para o jantar, Eva comenta com Viktor a cara da mãe ao saber que Helena estava lá. Extraordinária! Parecia "uma atriz aguardando sua entrada, amedrontada, mas sob controle. A representação foi magnífica... Mas o que ela esperava... O que eu esperava? Sempre mãe e filha!". Lembra-se de um poeta, pergunta ao marido se amadureceu ou não, duvida do amor dele, de suas palavras:

"Muito bonitas... que não têm nenhum sentido verdadeiro... Fui criada com lindas palavras. Mamãe nunca fica furiosa, desapontada ou infeliz. Ela nunca fica machucada. Você também está cheio desse tipo de palavreado. É uma espécie de doença da profissão." Encerra aquela conversa indo à cozinha cuidar da carne: "Mamãe acha que como cozinheira sou uma perdição".

Mas a que profissão ela se referia? Viktor, um clérigo; Charlotte, uma artista; teriam a mesma profissão de aparentar ao público algo que não eram? É disso que ela está falando? Dos sentimentos que ambos fingem?

Na cozinha volta até a porta para dizer a Viktor: "Muitas vezes quis saber por que ela não dorme bem. Agora eu sei. Se ela dormisse normalmente, sua energia sufocaria a todos. A insônia é a forma natural de usar a energia que sobra". A cena desloca-se para Charlotte, que tira um vestido do armário e diz: "Vou usar meu vestido vermelho só para contrariar Eva. Tenho certeza que ela acha que tenho que ficar de luto". Quando a cena retorna, Eva está encostada à porta da cozinha dizendo ao marido: "Veja o cuidado que ela tem para se vestir para o jantar. O vestido dela será uma sutil lembrança de que é uma viúva solitária".

Aqui se encerra o primeiro ato. Os quatro personagens vivos já foram devidamente apresentados. O segundo ato tem início com Charlotte chegando à sala com seu vestido de festa vermelho, longo, irradiante.

Depois do jantar, Charlotte vai para o piano e descobre que a filha está ensaiando os Prelúdios de Chopin. Insiste para que Eva toque. Viktor observa a certa distância. Enquanto toca, Eva é focalizada de perfil, como se fosse observada pela mãe, que está, então, de frente. A câmera se reveza entre Eva e Charlotte. Embora ambas mantenham expressões impressionantemente tristes, elas não convergem; são tristezas excludentes.

Eva toca o Prelúdio nº 2 em dó menor de Chopin como se o partisse em pequenas peças. O som é débil, titubeante. Eva parece à beira das lágrimas. Charlotte a acompanha com sutis movimentos: a cabeça, os olhos, os lábios sugerem pena e reprovação.

Quando termina, Eva lhe pede que apresente "a sua" interpretação. Repete-se aqui o mesmo tipo de contraste que havia se estabelecido naquele primeiro diálogo no quarto reservado à mãe. Dessa feita, Charlotte consegue ser ainda mais mortal. Em toda a cena, Eva está de frente, observando a mãe de perfil.

Do que é feita a sua expressão? Quantos e que sentimentos trai aquela discreta contração no lado esquerdo da sua boca? O rosto sulcado de Eva em contraste com o frescor de Charlotte. Quem é a filha, quem é a mãe?

A execução do Prelúdio é encerrada com a promessa de esperança para ambas, mas é quando se adensa o sentido trágico da relação.

O segundo ato aqui se encerra. Logo, fará todo sentido que nele tenha sido executado um prelúdio; talvez o mais típico de Chopin no sentido de prenúncio, ensaio, preparação para algo (grave) que está por acontecer.

Inicia-se uma sequência de cenas nas quais emerge o sentido denso da entrada e da saída do filho Erik da vida de Eva e Viktor. Mas Charlotte mal entende tudo isso; Eva lhe parece mergulhada em uma "neurose", apegada a uma espiritualidade ou religiosidade que lhe estranha.

Últimos momentos desse entreato: Charlotte prepara-se para dormir. Eva a acompanha. A mãe oferece-lhe chocolates suíços ("pode pegar dois pedaços"). "Eu não gosto de doces"... "Helena gostava, eu não". Em seguida, Eva desfia todas as preferências da mãe para o desjejum.

No meio da noite, Charlotte dorme. Sente uma mão roçar a sua. Uma mulher lhe cai pesadamente. Ela acorda assustada e sufocada. Acende a luz e não há ninguém no quarto além dela. Teria sido Helena em seu pesadelo?

Tem início o terceiro ato.

Eva a encontra na sala. A mãe pergunta:
– Você gosta de mim, não é?
– Você é minha mãe.
– É uma maneira de responder.

Então, é Eva que pergunta se a mãe a ama. Charlotte responde:
– Claro que sim.
– Ama mesmo?
– Acabei com minha carreira para ficar em casa com você e papai.

Eva a desmente, lembrando-lhe as dores nas costas que lhe teriam piorado a técnica e aumentado as críticas. "Eu não sabia o que odiava mais, quando você estava em casa ou quando estava viajando. Agora entendo como a vida do papai e a minha eram um inferno por sua causa".

Charlotte tateia algumas desculpas. Por um tempo. Relembra o que para ela seriam momentos felizes em família. Às suas recordações, Eva contrapõe solidão, mágoa, desespero.

– Era eu que tinha que ficar com papai de noite. Era eu que tinha que consolá-lo, repetindo que mesmo assim você o amava, e que com certeza você voltaria. Li suas cartas em voz alta [Eva soluça], suas compridas, amorosas e divertidas cartas, nas quais você contava sobre suas interessantes viagens. Sentávamos lá como dois idiotas, lendo e relendo suas cartas. Achávamos que você era a pessoa mais maravilhosa do mundo.

– Eva, você me odeia?

Eva soluça desesperada:

– Não sei. Eu aguardava sua chegada ansiosamente. Não sei o que eu imaginava. Talvez eu pensasse que você estivesse solitária e triste. Estou tão confusa. Pensei que era adulta e podia enxergar você, a mim e a doença de Helena com clareza. Agora está tudo confuso.

Eva está bebendo vinho e parece um pouco alcoolizada. O enquadre das duas sentadas à mesa é belíssimo. Mais uma vez: Eva de frente; Charlotte de perfil.

– Você sempre parecia tão atraente e eu também queria ser atraente. Ficava preocupada que você não iria gostar da minha aparência. Eu era tão feia, magra, com olhos grandes... lábios largos e sem sobrancelhas...

Eva bebe; sua aparência havia perdido a placidez.

– Eu ficava no colo do papai, chorando. Ele, quieto com suas mãos macias na minha cabeça. Ficava sentado, lá, fumando seu velho cachimbo. Às vezes dizia: "Vamos ao cinema esta noite? Ou que tal sorvete hoje no jantar?". Mas eu só queria morrer. Então os dias e semanas se passavam... Nós compartilhamos a solidão muito bem. Nunca tínhamos muito para falar, mas eu nunca o incomodava.

Alguns dias antes do retorno da mãe, ela ficava com febre de tanta empolgação. Quando a mãe chegava, Eva ficava tão nervosa que não conseguia falar. A mãe, impaciente, dizia: "Eva não parece muito satisfeita de ver sua mãe de volta". Não, não; Eva só não conseguia falar, não tinha palavras.

– Você era a dona de todas as palavras em nossa casa.

– Você está exagerando.

– ...Sei que estou um pouco embriagada, mas se não fosse assim não teria coragem de dizer o que disse. Se não digo mais, é porque estou com vergonha. Você poderá se explicar; eu vou ouvir e compreender...

como sempre fiz. (Eu) te amei, mamãe. Era uma questão de vida ou morte. Mas não confiava nas suas palavras. Não combinava com seu olhar. Você tinha uma linda voz... mas eu sabia que você não estava expressando seus sentimentos... Eu não entendia suas palavras...

A coisa mais horrível quando ela estava com raiva e disfarçava... Que silêncio.

– O que posso dizer?
– Defenda-se.
– Vale a pena?
– Como vou saber?

Charlotte alega a dor nas costas, os compromissos cancelados... Estava com a consciência pesada de estar longe dos dois, mas... "Você está com um sorriso irônico. Estou tentando falar a verdade. Estou apenas dizendo como me sentia. É bom falarmos de uma vez, então não falaremos mais nisso."

Charlotte relembra um momento em que decidiu retornar à família. Pergunta à filha se não foram felizes naquele verão...

– Não.
– Mas você falou que as coisas nunca tinham sido tão boas.
– Falei para te agradar.
[...]
– O que eu fiz de errado?
– Eu tinha 14 anos... Você dirigia toda sua energia reprimida contra mim... Tentei me defender, mas não tive a chance. Você mostrava sua consideração e sua voz de preocupação. Não existia nada que não recebesse sua energia amorosa...

Eva lembra as imposições maternas: o corte de cabelo, a ginástica, o aparelho nos dentes... os vestidos que mandara fazer sem consultar... A aparência que resultou "grotesca". E já berrando:

– Você me trouxe livros que eu não compreendia. Li e reli e depois nós tínhamos que discuti-los. Você discursava e minha cabeça estava vazia. Eu tinha receio que você fosse me gozar por minha burrice. Mas uma coisa eu entendi: nada da minha verdadeira personalidade podia ser aceita ou amada. Você estava obcecada e eu fiquei mais medrosa e aniquilada. Eu dizia o que você queria e fazia os seus gestos. Não tinha coragem de ser eu mesma, mesmo quando estava sozinha, porque eu tinha ódio do que eu era.

[...]
— Por não poder odiá-la, meu ódio se transformou num medo insano. Tinha pesadelos. Roía as unhas. Arrancava meus cabelos. Tentava gritar, mas só conseguia pronunciar grunhidos sufocados que me deixavam com mais medo e pensei que estava ficando louca.

Então, teve o Stefan, o aborto aos 18 anos...

— Eu tentei ajudá-la. Pensei que o aborto fosse a única solução. Foi isso que eu sempre pensei. Todo esse ódio. Por que nunca disse nada?

— Porque você nunca escutava. Você é uma maldita escapista... A verdade é que você detesta a mim e Helena. Você se fecha dentro de si e sempre pensa nos seus termos. Eu a amei... Você conseguiu me prejudicar pelo resto da vida, assim como você foi prejudicada. Você atacou tudo que era sensível e frágil. Tudo que tinha vida, você tentou sufocar. Você fala do meu ódio. Seu ódio não era menor... Eu era pequena, maleável e carinhosa. Você se amarrou em mim porque quis meu amor, assim como quis o amor de todos. Eu estava totalmente a sua disposição. Tudo foi feito em nome do amor. Você insistia em dizer que me amava, ao papai e a Helena. E você era perita nas entonações e nos gestos de amor. Pessoas como você são uma ameaça. Deviam ser internadas e tornadas inócuas. Uma mãe e uma filha... que terrível combinação de sentimentos... confusões e destruições. Tudo é possível e é feito em nome do amor e da solicitude. As injúrias da mãe são passadas para a filha. As falhas da mãe são pagas pela filha. A infelicidade da mãe é a infelicidade da filha. É como se o cordão umbilical nunca tivesse sido cortado. Mamãe, será que é isso? Será que a desventura da filha é o triunfo da mãe? Mamãe... Minha desgraça é o seu prazer secreto?

Charlotte anda de lá para cá, queixa-se de dor nas costas. E fala do pouco que se lembra da infância. Não se lembra dos pais tocando-a, acariciando-a; nem de castigos ela se recorda. Ignorava ternura, toques, intimidade, calor... Apenas através da música pôde demonstrar seus sentimentos... "Nunca amadureci... por dentro nunca nasci".

Não se lembra de nenhum rosto, nem do próprio. Às vezes tenta lembrar o rosto da mãe, mas não a enxerga... Do mesmo jeito, não consegue ver o rosto de Eva ou de Helena ou de Leonardo. Lembra-se de quando pariu as filhas, lembra-se da dor, mas não se lembra de como era a dor. Uma vez Leonardo disse que "O sentido da realidade é uma questão de talento. Para a memória das pessoas falta esse talento, e talvez seja melhor assim".

E pergunta a Eva: "Você entendeu o que ele quis dizer?"

Eva responde que sim.

– Estranho, sempre tive medo de você – diz Charlotte. – Acho que queria que você cuidasse de mim. Me abraçar e me consolar. Eu era a criança. Vi que você me amava e eu queria amar você, mas tive medo das suas exigências... Não queria ser sua mãe. Queria que você soubesse que eu era tão indefesa quanto você.

– Isso é a verdade? – pergunta Eva.

O terceiro ato ainda segue por um tempo. Ao final, elas haviam mudado de posição: ambas de frente para a câmera; Eva atrás de Charlotte.

O epílogo: Eva enviando uma carta à mãe, que havia interrompido a estada bruscamente. Por suas palavras e por sua feição, Eva parece apaziguada. Charlotte, ao final, parece enfim envelhecida, mas não exatamente rendida; talvez apenas cansada.

Talvez não sejam essas as cenas finais do epílogo de Bergman; talvez seja somente o que eu projeto sobre ele.

## Uma *Sonata de outono* que fica de um certo jeito

A filmografia de Bergman é de uma atualidade espantosa, não porque aparente contemporaneidade com os nossos dias exibicionistas, em que os ódios pessoais são enfrentados a céu aberto e as mágoas infantis são resolvidas nos *sites* de relacionamento. Bem, ao contrário, falo da inteira necessidade de assistir a uma arte incômoda, que nos remete a nós mesmos e nos obriga a encarar os nossos sentimentos por baixo das muitas camadas de Photoshop.

A *Sonata de outono* que aqui trago retém muito do que senti quando assisti ao filme pela primeira vez, há 20 anos ou mais, acrescido do que me sobreveio das muitas vezes que a ele retornei.

Curioso: das primeiras vezes, eu era somente "uma filha"; a partir de algum momento, eu já havia me tornado mãe, também. Esse duplo papel – um que se adquire ao nascer e o outro que só se aprende a ser sendo – não reduziu em nada minha simpatia, minha inteira solidariedade e compaixão por Eva. Porém, emergiu um novo sentimento que pode ter algum elemento de empatia – talvez uma protoempatia – por

Charlotte, que parece nascer de certo incômodo em face de uma Eva já tão adulta e ainda tão presa à infância. Revendo-a, agora, eu lhe dirigi insistentes perguntas: e o que você fez com tudo isso, Eva? Aliás, o que você fez em seu favor? Que providências você tomou para sanar essa dor ou ao menos apaziguar essa mágoa?

Por que não me dirijo a Charlotte, cobrando-lhe a mãe que não foi ou a mãe que não conseguiu ser? Porque o padecimento de Eva já não mais depende da mãe; aliás, não importa se aquela mãe empírica, a Charlotte, foi mesmo a megera, a escapista, egocêntrica, autocentrada, vaidosa... de que fala Eva. A mãe que ela carrega – a mãe simbólica –, fonte de toda a dor, não há Charlotte-mãe-empírica que possa equacionar.

Em verdade, nem mesmo quem a ama consegue salvá-la do desafeto que ela nutre por si mesma; Viktor é a prova de que não estou aqui a exagerar. Só os indefesos, as crianças, os que dela dependem para sobreviver lhe dão e recebem o seu amor. Bem, mas eles falam/vivem através dela.

## Ah, a família...

A história da família é tão antiga que praticamente se confunde com a história da humanidade. Estudiosos dos mais diversos ramos do conhecimento concordam que a sua importância foi decisiva para o surgimento da espécie e continua sendo para a sobrevivência dos seus espécimes; tanto é verdade que, na sua ausência, o Estado se vê obrigado a criar sucedâneos para que a criança possa subsistir.

Ao longo do tempo, a família assumiu muitos outros papéis além do cuidado da prole. Podemos lembrar aqui alguns exemplos dos seus muitos papéis: o político para casas reais; o econômico para as famílias da burguesia; o financeiro para os mercados de consumo; o cultural para a reprodução de etnias ou grupos sociais inteiros.

Porém, não podemos esquecer que a família não ocupa apenas um papel de cada vez; ou seja, ela sempre ocupa diferentes funções sociais dependendo das regiões e das épocas. Com isso seu tamanho, forma, composição, dinâmica variam muito a qualquer tempo e lugar.

Os cientistas sociais e historiadores, por um lado, tendem a destacar as funções positivas da família em diferentes momentos; por outro, outros ramos de conhecimento, como a Psicologia e a

Psicanálise, assim como as artes, costumam chamar a atenção para as faces sombrias da família.

Vale a pena percorrer algumas das interpretações disponíveis, o que não é possível realizar aqui. Por isso, foco a atenção num aspecto enfatizado pelos historiadores e cientistas sociais: o surgimento da sociedade centrada na criança entre os séculos XVIII e o XIX, e que chegou à plenitude no século seguinte.

A obra *História social da criança e da família*,[1] de Philippe Ariès (1981), embora muito criticada a respeito das fontes utilizadas ou das generalizações estabelecidas, foi fundamental para o desenvolvimento da percepção de que em diferentes épocas e lugares as sociedades mantiveram diferentes tipos de relação com as crianças em decorrência dos diferentes lugares que elas ocupavam no interior das famílias.

Então, a partir de Ariès os historiadores foram muito mais longe ao desvendarem os processos de declínio, em muitas regiões da Europa e das Américas, dos lares de grandes dimensões, o surgimento da família nuclear, o crescimento da ênfase na criança e no jovem. Ariès também auxiliou os historiadores a prestarem atenção no desenvolvimento de "padrões infantis" para a vestimenta das crianças, na criação de brinquedos ou jogos específicos, assim como outros dispositivos a elas destinados que não existiam em séculos anteriores.

Como foi dito acima, a transformação da família não aconteceu da mesma maneira, em todos os lugares, e numa única direção; porém, estudiosos já verificaram que o século XX começou, em muitos pontos da Europa e das Américas, com a criança sendo claramente distinguida do adulto de modo a se tornar o centro da vida familiar em praticamente todo o Ocidente. Não por um acaso, o conceito de infância e, posteriormente, o de adolescência se afirmaram ao mesmo tempo que a família "se tornou mais íntima, desembaraçando-se dos laços de parentescos mais amplos, fechando as portas aos estranhos que costumavam ser incluídos nos grandes lares" (Berkner, 1973, p. 395).

---

[1] Do original francês *L'enfant et la vie familiale sous l'ancien regime*, publicado pela primeira vez em 1960 na França e em 1978 no Brasil. Sobre a importância dessa obra de Ariès e as críticas a ela, ver bibliografia em WARDE, 2007.

A afirmação da criança como centro da família implicou a redução do uso das amas de leite, para as quais as famílias abastadas mandavam suas crias no começo da vida, assim como implicou o desaparecimento, nos grandes centros, da prática de envio dos filhos homens não pobres para os cuidados de um mestre-artesão e o aprendizado de um ofício, bem como o envio das filhas mulheres empobrecidas para os serviços domésticos ou pessoais de parentes de posses. Por outro lado, a proibição crescente da roda dos enjeitados desde o século XIX não implicou a redução da prática do abandono de crianças ao cuidado do Estado ou de outras famílias.

Tudo isso aconteceu ao mesmo tempo, enquanto as famílias das sociedades urbanas e industriais modernas centravam-se na criança, devotavam-se à sua criação, organizavam-se e poupavam para protegê-las e educá-las.

Eva[2] é, certamente, filha de uma típica família nuclear, moderna, criada em uma sociedade urbano-industrial avançada. O fato de ter buscado refúgio numa ilha tranquila, bucólica, é um bom sinal da fuga ao ambiente na qual havia sido criada.

Seus padecimentos são pensáveis, portanto, em uma sociedade centrada na infância, em uma família estruturada para amá-la, protegê-la, mimá-la...

A contradição da qual Eva é vítima, ironicamente, é típica dessa sociedade e dessa família: organizadas em torno da infância, elas implicam também pais sugados pelo mercado de trabalho, crescentemente preocupados e interessados por suas próprias carreiras, pressionados a dedicar a maior parte de seu tempo em atividades fora de casa para que as demandas dentro de casa sejam atendidas, mesmo que à custa dos afetos, dos cuidados...

Eva é impensável numa família camponesa do século XVII, assim como é impensável numa família burguesa de fins do século XVIII. Ela é cria típica de uma família do século XX, moderna, urbana, na qual é plenamente cabível que a mãe tenha a sua própria carreira, viaje sozinha para cumprir seus próprios compromissos, mas não conta ainda com os mecanismos externos e as estruturas internas para preencher

---

[2] Por isso Bergman deu a ela o nome de Eva, a primeira mulher na mitologia cristã?

as suas ausências, para fazer as vezes do seu colo, para ocupar o lugar da sua mão, do seu braço, da sua voz...[3]

Assim, não contava mais com a família ampla, os avós paternos e maternos, os primos, os primos dos primos, os vizinhos... Não havia mais uma mãe de leite... Nem um mestre-artesão...

Mas ainda não contava com a mesmice da televisão ou dos jogos eletrônicos; a virtualidade das comunidades virtuais; o álcool ou as drogas a rodo; não ouvira falar de alguém que tivesse assassinado colegas ou professores da escola; jamais imaginou que alguém pudesse tirar a vida da mãe porque lhe negara dinheiro... E o movimento feminista ainda não havia chegado queimando sutiãs e dessacralizando as mães (Mannoni, 1999).

Mas, pudesse Eva ter realizado simbolicamente o desejo de matar a mãe simbólica, livrando-se ao mesmo tempo do papel de esposa do seu pai e mãe das suas filhas, talvez diminuísse a carga do passado sobre seus ombros; talvez conseguisse enterrar seu filho morto e internar sua irmã doente. Além de deixar Charlotte e seu virtuosismo *requiescat in pace*.

E se ela tivesse encontrado um bom psicanalista a tempo de descobrir que o problema não era a ausência da mãe, mas a fragilidade do pai incapaz de lhe servir de continente, porque incapaz de reagir à falta da esposa e dela se livrar por suas traições? E se Eva tivesse podido realizar que seu pai era um impotente diante de uma fêmea poderosa?

Em diversas circunstâncias e por diferentes autores já foi apontada a presença da psicanálise freudiana na filmografia de Ingmar Bergman. Reitero aqui esse entendimento. Quanto ao tema da família, mesmo que Bergman negasse o caráter freudiano de sua abordagem, eu seria tentada a retrucar-lhe o equívoco. Afinal, foi Freud quem indicou o caminho para se pensar que é na infância que se formam as estruturas da mente, da sensibilidade, dos afetos humanos. Ele foi decisivo na negação dessas estruturas como inatas ou transcendentais, como havia

---

[3] Entendo que Bergman não tivesse maiores problemas com esse papel "público" da mãe ultramoderna que sai para trabalhar, tem sua própria carreira, etc. Quero dizer, "maiores problemas" do que os disseminados nas sociedades modernas. Tendo a interpretar que suas inquietações dizem respeito ao pai e à mãe, com certo pendor negativo em relação ao pai. Tenho presente que outras faces da mesma problemática de a *Sonata de outono* foram expostas em *Através de um espelho*, no qual o foco recai, em especial, sobre a relação da filha com o pai.

sido pensado por séculos, afirmando que sua constituição na infância se faz no longo processo de formação da personalidade, na afirmação dos vínculos afetivos e no estabelecimento dos laços emocionais que se dão na família e através da família.

Freud foi longe na história para desvendar a família moderna, a família burguesa, à qual ele pertencia, seus pacientes, Ingmar Bergman, Eva, Charlotte, eu, vocês, minha filha...

Entretanto, cabe indagar com Kamers (2006, p. 114):

> [...] como pensar hoje, quando é o pai que fica mais tempo com a criança e a mãe quem dá as ordens e até mesmo a última palavra? E as novas formas de parentalidade? Como pensar as funções parentais num casal homossexual?

Que nos convida a:

> Pensar (que) as funções parentais como pertencentes a um modelo de família com "papéis" estritamente delimitados não se sustenta mais, ou pelo menos não deveria. Falamos isso, pois, ao tentar encontrar na atual conjuntura familiar uma espécie de modelo, é inevitável que se caia numa normatização, numa conceitualização do que seriam as "ditas" famílias estruturadas e desestruturadas (KAMERS, 2006, p. 114).

Para a autora

> [...] essa nostalgia é o fundamento de todos os "psicologismos" de plantão que visam justificar as atuais problemáticas da educação, familiar ou escolar, como relativas a uma suposta inadequação da família em relação às "necessidades" da criança. Portanto, não se trata de pensar uma função do adulto junto à criança – o que pressupõe que haveria uma "natureza" infantil que deveria ser posta em funcionamento –, mas de pensar as funções parentais como relativas à estrutura; portanto, uma função simbólica como dimensão estruturante. A questão consiste em saber quais as configurações que essas funções podem assumir na atualidade (KAMERS, 2006, p. 115).

## Referências

ARIÈS, Philippe. *História social da criança e da família*. Rio de Janeiro: Guanabara, 1978.

BERKNER, L. K. Recent Research on the History of the Family in Western Europe. *Journal of Marriage and Family*, v. 35, n. 3, Special Section: New Social History of the Family, p. 395-405, aug. 1973.

KAMERS, M. As novas configurações da família e o estatuto simbólico das funções parentais. *Estilos da Clínica*, v. 11, n. 21, p. 108-125, 2006.

MANNONI, M. Elas não sabem o que dizem: Virginia Woolf, as mulheres e a psicanálise. Rio de Janeiro: Zahar, 1999.

WARDE, M. J. Repensando os estudos sociais de história da infância no Brasil. *Perspectiva*, v. 25, n. 1, p. 21-39, jan./jun. 2007.

# Tradição, afeto e interesse: um retrato complexo da família em *Mamãe faz 100 anos*, de Carlos Saura

Cláudio Marques Martins Nogueira

Dirigido por Carlos Saura, um dos maiores diretores da história do cinema espanhol, *Mamãe faz 100 anos*, de 1979, recebeu Prêmio Especial no Festival de San Sebastian, Prêmio da Crítica no Festival de Bruxelas e foi indicado ao Oscar de melhor filme estrangeiro. O enredo do filme é bastante simples. Uma família reúne-se para comemorar em sua mansão o centenário de sua matriarca. Vivem na mansão, além dos empregados e da excêntrica senhora, um de seus filhos, Fernando, um homem psicologicamente fragilizado e que vive sonhando em voar; Luchi, ex-mulher do outro filho da matriarca, Juan, que abandonou a família em busca de prazeres sexuais; e três netas, filhas de Luchi e Juan. Para a comemoração do aniversário, chega também Ana, mulher que trabalhou na casa há alguns anos como educadora das três netas da família, acompanhada do seu atual marido, Antônio. O conflito principal do filme se estabelece a partir do desejo dos filhos de matarem a sua própria mãe para poderem vender a mansão e usufruírem dos recursos financeiros gerados.

Cabe, desde já, sublinhar a importância da personagem Ana no desenvolvimento da trama. Num certo sentido, ela é o elemento central de toda a história. Como alguém que vem de fora da família, ela se torna a principal aliada da matriarca contra os planos homicidas dos filhos. Além disso, sua presença funciona como um elemento perturbador, que ao retornar à família faz surgir ou renascer conflitos, lembranças e sentimentos adormecidos.

A centralidade da personagem fica mais clara se considerarmos que *Mamãe faz 100 anos* é, em grande medida, a continuação de outro filme do mesmo diretor, realizado seis anos antes, *Ana e os lobos*. Neste, a jovem Ana começa a trabalhar na mansão e desperta o desejo dos três filhos da família. Assim, do mesmo modo que em *Mamãe faz 100 anos*, em *Ana e os lobos*, ela é o elemento perturbador de uma configuração familiar mais ou menos estável. Em Juan, marido de Luchi na época e pai das duas meninas, ela desperta um forte desejo explicitamente carnal. Com José, filho que não aparece no segundo filme por já ter morrido, ela estabelece uma cumplicidade misteriosa, a partir da valorização de seu principal *hobby*, uma coleção de uniformes e outros objetos militares. Finalmente, em Fernando, que na época não buscava voar, mas meditar e levitar, ela desperta um amor profundo, porém recalcado, incapaz de se realizar dadas as fragilidades psicológicas do personagem.

Uma característica marcante da personagem Ana nos dois filmes é uma certa ingenuidade. No primeiro filme, como nos contos infantis, ela se deixa envolver pelos três lobos da história. Ela não parece ter medo. Ao contrário, mostra-se, em alguma medida, seduzida, pela loucura particular de cada um deles. O desfecho não poderia ser mais trágico. A solução mais previsível quando três lobos disputam uma presa é a destruição dela. Ana é violentada e morta pelos três irmãos conjuntamente. Passados alguns anos, temos no segundo filme a mesma Ana, ressuscitada, voltando, mais uma vez ingenuamente, à mansão onde viveu o seu suplício. Ela parece ter guardado apenas as lembranças boas. Tem saudades de tudo e de todos. Por sorte, um dos lobos, José, já está falecido; o outro, Juan, não habita mais a mansão, aparecendo apenas na noite do aniversário da mãe; e o terceiro, Fernando, parece incapaz de uma ação mais audaz. Mesmo assim, o terreno não é seguro e Ana já devia saber disso. Além de testemunhar a perversidade dos filhos e da ex-nora, que tentam assassinar a matriarca, Ana é, ela mesmo, mais uma vez, vítima da falta de escrúpulos da família. Natália, uma das crianças que ela ajudou a criar e em relação à qual ela manifesta profunda afeição, deliberadamente seduz e envolve seu marido, Antônio, colocando Ana, mais uma vez, numa situação dramática.

A ingenuidade excessiva de Ana, sua reaparição após ter sido assassinada no primeiro filme e a maneira quase caricatural como são apresentados a mansão e cada um dos membros da família deixam claro que o compromisso de Carlos Saura não era com a construção de uma história realista. Dado o contexto histórico com o qual o diretor estava profundamente envolvido, de luta contra o fascismo de Franco na Espanha, a interpretação mais obvia é a de que os dois filmes constituem, mais do que o simples retrato de uma família qualquer, uma parábola sobre as relações entre a sociedade civil espanhola e as forças de apoio ao fascismo no país, especialmente a Igreja e o Exército. Mesmo que tenha sido essa a intenção original do diretor, os dois filmes extrapolam as ligações com seu contexto original e funcionam como narrativas alegóricas, universalmente compreensíveis, sobre o poder, a dominação e a perversidade que podem se esconder por trás das relações humanas, especialmente no seio familiar.

## Uma comédia, um drama, uma tragédia...

Tratando especificamente de *Mamãe faz 100 anos*, é preciso reconhecer que, como todo grande filme, este nos oferece múltiplas possibilidades de interpretação. Ele pode ser visto como uma comédia, embora um tanto quanto amarga e com forte dose de sarcasmo. O que dizer de um personagem que se dedica compulsivamente a tentar voar com um equipamento rudimentar, feito por ele mesmo, e que evidentemente colhe como resultado uma série humilhante de acidentes. Como não rir, mesmo que com um riso aflito, diante das cenas em que a mãe, sempre nos momentos mais delicados, tem suas crises convulsivas e com isso arregimenta toda a família num esforço mais ou menos atabalhoado para socorrê-la?

A figura da mãe é em si mesma cômica. Ela é exagerada, caricatural, alegórica. A obesidade parece impedi-la de andar sozinha, o que justifica o uso de uma poltrona, similar a um trono, no qual ela é carregada por empregados e familiares, dentro e fora da mansão. Essas dificuldades para locomoção não a fazem, no entanto, mais quieta ou silenciosa. Ao contrário, do alto do seu "trono" ela fala compulsivamente, canta, dá ordens, xinga a todos, lamenta-se de um passado supostamente glorioso que já se foi e descreve-se como vítima de sua própria família, que ela percebe que quer eliminá-la. Todas as falas e gestos dessa matriarca, em alguma medida, podem conduzir ao riso. A vulnerabilidade física que ela apresenta não parece totalmente convincente. Em muitos momentos, as fragilidades físicas e mesmo as crises convulsivas parecem mais um recurso habilmente utilizado por uma mulher dominadora e extremamente astuta para manter sob o seu domínio todo o séquito familiar. O humor parece nascer justamente dessa contradição. Não conseguimos ver nessa mulher uma pobre velhinha, fragilizada diante de uma família perversa. Ela parece, na verdade, ser mais forte e esperta que todos os outros da casa. Vale notar, de passagem, que a própria idade da personagem parece duvidosa. Definitivamente, ela parece mais jovem que os 100 anos que lhe são atribuídos.

Essa dimensão cômica do filme não esconde, no entanto, seu lado dramático ou mesmo trágico. É possível reconhecê-lo como um filme sobre a morte, o envelhecimento, a solidão, a passagem do tempo e a traição, em suas múltiplas facetas. Há um mal-estar constante dentro da mansão. Todos parecem de alguma forma sofrer. A mãe lamenta-se pelo filho já morto, José; pelo outro filho que se foi após abandonar a esposa, Juan; e pela própria morte, que ela sabe que pode vir pelas mãos da sua própria família. A nora, Luchi, mantém-se presa às lembranças de um marido que compulsivamente a traía e que acabou por abandoná-la. Fernando, o único dos três filhos que permanece morando na casa, vive solitário, preso a sua fantasia de voar, mas também às lembranças dolorosas do amor não correspondido que sempre sentiu por Ana. O próprio casal que retorna à casa, formado por Ana e seu atual marido, acaba se envolvendo, como já mencionado, numa trama de traição e sofrimento.

Cabe observar que todo o cenário da casa e seus arredores é sombrio e desolador. Não há vizinhos, nem mesmo ao longe. Há apenas uma casa imensa na qual todos vivenciam conjuntamente suas tragédias particulares. Não existem jardins bem cuidados ao redor da casa, apenas areia e, um pouco mais distante, uma vegetação de pequenos arbustos, no meio dos quais, curiosamente, estão instaladas inúmeras armadilhas, prontas para prender e ferir as pernas de todos os que se esquecerem dos perigos que cercam o local. Cenário e personagens encontram-se perfeitamente integrados. A casa é grande e isolada o bastante para abrigar o desejo, a loucura e as angústias de cada um.

## Rede de interdependência e processos de socialização familiares

O que é mais importante e que justifica a inclusão desse filme num livro sobre família é perceber que as personagens da história não são seres isolados. Não são um bando de loucos aleatoriamente selecionados e reunidos num mesmo ambiente. Eles estão presos, nos termos de Norbert Elias (1994), a uma rede de interdependência social, no caso específico, uma rede familiar. Isso significa dizer que seus universos estão entrelaçados. Os significados que atribuem à vida, o modo como agem, os sonhos que perseguem só fazem sentido no contexto das relações que estabelecem uns com os outros. Todas as excentricidades da mãe, por exemplo, só fazem sentido a partir da função que, como viúva, ela ocupa, de autoridade máxima e proprietária legal do patrimônio material da família. Essa posição cria uma dependência psicológica, moral e material por parte dos membros da família e garante à matriarca a submissão de todos aos seus mais exóticos desejos, mesmo que isso não elimine, como discutiremos mais à frente, a possibilidade de um complô para assassiná-la. É particularmente interessante a relação que ela estabelece com Fernando, o filho psicologicamente fragilizado que tenta voar. A mãe entende e incentiva o sonho do filho, assim como compreende o amor impossível que ele nutre por Ana. Além disso, eles compartilham certas habilidades paranormais ou místicas, sendo capazes de prever o futuro e de se comunicar por telepatia. Existem entre os dois, portanto, laços de cumplicidade e interdependência que extrapolam a dependência puramente econômica.

É importante notar, por outro lado, a dependência psicológica da mãe em relação a todos os filhos e ao conjunto da família. Seu desejo e suas ações visam, antes de tudo, garantir a presença, o amor e o reconhecimento de todos. Ela só existe enquanto ser social à medida que consegue manter ao seu redor o séquito familiar. Em relação especificamente aos filhos, cabe notar como ela garante a presença, mesmo que simbólica, dos três na festa de seus 100 anos. Fernando já habita a casa e é mantido infantilizado sob o domínio materno. José, já falecido, tem sua presença simbolicamente garantida por meio de uma sepultura próxima à casa, diariamente visitada pela mãe, pela manutenção de seu lugar vago na mesa de jantar e pela permanência de sua imagem por meio de um grande retrato na sala de refeições.

Finalmente, Juan é atraído à festa por meio dos poderes paranormais de Fernando, utilizados a pedido da mãe.

Sociologicamente, compreender o comportamento de qualquer indivíduo ou de um personagem, no caso do filme, supõe desvelar o lugar que ele ocupa nas redes de interdependência social. Norbert Elias observa que esquecemos muito facilmente que nascemos crianças, com uma mente bastante flexível, e que é por meio das relações que estabelecemos no interior de um dado contexto que nos socializamos, ou seja, nos formamos como seres sociais adultos. A loucura particular de cada um dos filhos da matriarca só pode ser compreendida se imaginarmos por um momento, indo além do que nos mostra o filme, a infância que eles provavelmente tiveram na mansão, até certo ponto isolados em relação ao mundo exterior e sob a vigilância constante de uma mãe dominadora. Eles cresceram num ambiente familiar que parece sintetizar o militarismo, o autoritarismo, a religiosidade e a hipocrisia da sociedade espanhola nos tempos de Franco. Não é de se estranhar que, como é mostrado, sobretudo no primeiro filme, um seja um compulsivo sexual, outro um obcecado por armas e uniformes militares e o terceiro, um místico sexualmente reprimido.

A lógica dos processos socializadores é ainda mais evidente no caso das netas da matriarca. Elas claramente se definem a partir dos traços de personalidade dos pais e dos tios. Seja como reação à hipocrisia familiar e mais diretamente à frigidez e moralismo da mãe, seja por identificação com o pai, portador de uma sexualidade irrefreável, Natália é a própria encarnação da sensualidade e luxúria. Chama a atenção o contraste entre os tons cinza e bege predominantes na maior parte da casa e a decoração exuberantemente vermelha presente em seu quarto. Sua sensualidade e sua identidade se contrapõem ao universo familiar, ao mesmo tempo que só ganham sentido em referência a esse mesmo universo. No caso de Carlota, as relações mais evidentes são entre sua personalidade e a do tio José, já morto. Ela encarna o lado racional, prático, gerencial da família. Sua postura é seca, máscula e claramente inspirada pelos valores militares cultivados pelo seu tio. Finalmente, Victoria, a mais nova das irmãs e mais próxima do tio Fernando, parece seguir os passos deste, iniciando-se nas experiências místicas.

## Família e personalidades individuais

Reconhecer, de maneira geral, o peso das lógicas socializadoras e das redes de interdependência não é suficiente, no entanto, para uma compreensão definitiva das personalidades individuais. Por que Natália é a sensual e Carlota a masculinizada? Por que Juan é o compulsivo sexual e não José? No campo da Sociologia, Bernard Lahire (2002; 2004) chama a atenção para o fato de que compreender um indivíduo é mais complicado do que compreender um grupo. Quando tratamos de categorias coletivas como nações, classes sociais ou mesmo famílias, é possível construir explicações gerais, que se referem às características médias ou típicas dos membros desses grupos sociais. Quando lidamos com indivíduos, no entanto, é preciso uma análise mais fina. Mesmo dentro de uma mesma família, cada indivíduo tem oportunidades socializadoras diferenciadas em função de sua posição na fratria, de seu sexo, das relações mais ou menos próximas que estabelece com os diferentes adultos e de outros fatores mais ou menos contingentes. Entre as três netas da família, por exemplo, é possível supor que as mais velhas foram mais influenciadas pelo pai e pelo tio José do que a mais nova, Victoria, que já cresce num ambiente marcado pela ausência do pai e pela morte do tio. Nesse contexto, sua relação com o tio Fernando torna-se mais significativa do que para suas irmãs. Além disso, Lahire chama a atenção para o fato de que as características de um indivíduo nunca são o produto da socialização em um único grupo social. Mesmo no caso de uma família fisicamente isolada do resto do mundo e psicologicamente fechada sobre si mesma, como a do filme, é preciso imaginar que em algum momento cada um dos seus membros teve de se afastar para complementar seus estudos, já iniciados na própria casa. Pelo menos nesses momentos, cada um foi submetido a um conjunto particular de influências, que pode ter sido mais ou menos contraditório e conflitante em relação às experiências já vividas no núcleo familiar.

Entender os comportamentos e as personalidades de cada membro da família exigiria, portanto, reconstruir a história particular de cada um, dentro e fora do ambiente familiar. Como estava a configuração familiar no momento em que cada um dos que hoje são adultos viveram sua infância? Quem eram os membros da família mais próximos de cada criança? Como era a situação econômica e o clima emocional da família? Quais os episódios dramáticos vividos no ambiente familiar – mortes, separações, crises, grandes brigas, etc. – e que teriam impactado a história de cada um dos personagens? Como cada um deles articulou suas experiências socializadoras fora da família com a bagagem já incorporada no interior desta? Infelizmente, mesmo se considerarmos não apenas *Mamãe faz 100 anos*, mas também *Ana e os lobos*, que o precede, não temos elementos suficientes para avançarmos nessa análise. Ela seria importante, no entanto, para evitar tanto uma visão mecanicista, que supõe que as personalidades são formadas de maneira mais ou menos automática a partir do contexto e dos valores familiares, quanto a visão oposta, que supõe que essas personalidades são algo naturalmente dado, que já nasce com os indivíduos, independentemente de sua história social.

## Interesses, conflitos e estratégias de reprodução da posição social

Se, por um lado, não temos os subsídios necessários para realizarmos plenamente uma Sociologia em escala individual, como a proposta por Lahire, que tenta compreender a constituição social dos aspectos mais subjetivos de cada indivíduo, temos no filme, por outro lado, certos elementos que autorizam uma interpretação da família em questão com base na Sociologia macroestrutural de Pierre Bourdieu (2007; 1998). Inspirado nesse aspecto pelos clássicos da Sociologia, Karl Marx e, sobretudo, Max Weber, Bourdieu enfatiza que a realidade social é um espaço de lutas, no qual cada grupo familiar busca garantir para si mesmo e seus descendentes uma posição social igual ou superior àquela já ocupada na estrutura social. As posições seriam definidas em função do volume e do tipo de recurso ou de capital possuído. Os principais recursos considerados pelo autor são: capital econômico, capital cultural (posse de títulos escolares e familiaridade com a cultura dominante), capital social (relações sociais com pessoas socialmente bem posicionadas), capital simbólico (reputação ou prestígio social). Cada família, em função do tipo e do volume de recursos que já possui e das possibilidades concretas de ampliá-los que vislumbra, tenderia a adotar estratégias diferentes de investimento. As classes populares, desprovidas de todos os capitais, priorizariam a sobrevivência material imediata do grupo. Dados seus recursos limitados, esses grupos apresentariam expectativas baixas em relação à possibilidade de ascensão social. Assim, em relação à educação dos filhos, por exemplo, tenderiam a esperar que esses estudem apenas o suficiente para entrarem no mercado de trabalho em uma situação igual ou um pouco melhor que a dos pais, o que, normalmente, não significa uma trajetória escolar longa e bem-sucedida nos ramos de maior prestígio do sistema de ensino. As classes médias, por sua vez, sobretudo aquelas frações que chegaram a essa posição social intermediária graças à escolarização, tenderiam a acreditar e a investir pesadamente na educação dos filhos, como forma de manterem o que já conquistaram e de continuarem sua ascensão social em direção às elites. Bourdieu ressalta a insegurança e ansiedade que marcam os comportamentos das classes médias, sempre postas entre a ameaça de regressarem às classes populares e a possibilidade de ascenderem às classes superiores. Em contraste, em função do patrimônio já acumulado, as elites econômicas ou culturais possuiriam condições mais tranquilas para investirem na consolidação de suas posições privilegiadas. As elites econômicas apostariam preferencialmente na ampliação de seu patrimônio econômico, enquanto as elites culturais investiriam, prioritariamente, na consolidação de seu capital cultural. Existiria ainda a possibilidade de reconversão, ou seja, de uso de parte de um capital acumulado para aquisição de outro que ainda não se possui, mas que se mostra útil no contexto social em questão. Assim, as elites econômicas tendem a investir uma parcela de seus recursos na aquisição do capital cultural, mesmo que em um grau bem menor do que fazem as elites culturais. Esse capital cultural permite legitimar socialmente as posições superiores ocupadas em função do capital econômico, a direção de uma empresa por parte do filho do dono, por exemplo.

O que é interessante na Sociologia de Bourdieu é que essas diferentes estratégias de investimento dos grupos sociais, também chamadas estratégias de reprodução social, não são definidas conscientemente, de maneira puramente racional. Cada grupo social, em função de sua posição no espaço social, iria constituindo ao longo do tempo um conhecimento prático sobre o que é possível ou não ser alcançado pelos seus membros dentro da realidade social concreta na qual eles agem e sobre as formas mais adequadas de fazê-lo. Dada a posição do grupo no espaço social e, portanto, de acordo com o volume e os tipos de capital (econômico, social, cultural e simbólico) possuídos por seus membros, certas estratégias de ação seriam mais seguras e rentáveis e outras seriam mais arriscadas. Na perspectiva de Bourdieu, ao longo do tempo, as melhores estratégias acabariam por ser adotadas pelos grupos e seriam, então, incorporadas pelos agentes individuais como parte do seu *habitus*.[1]

No caso da família retratada no filme, sua posição social superior está claramente alicerçada no seu patrimônio econômico. Todos vivem dos recursos financeiros depositados num banco. Em nenhum momento, em *Mamãe faz 100 anos* ou em *Ana e os lobos*, mostra-se ou fala-se de trabalho ou de qualquer atividade produtiva da família ou de um de seus membros. Não há nenhuma indicação de que os filhos ou mesmo as netas tenham alcançado um nível superior de escolaridade e de que possuam uma carreira profissional relacionada à formação escolar alcançada. Consonante com o que observa Bourdieu sobre as elites econômicas, é possível dizer que essa família e cada um dos seus membros não precisam de um grande investimento escolar para garantirem a manutenção de sua posição social. Esta já está garantida pelos recursos econômicos. A educação tem apenas o papel de dar uma formação cultural geral, compatível com o estilo de vida e *status* do grupo familiar.

A posição social ocupada pela família também está na base de outros aspectos do comportamento de seus diferentes membros. Liberados da luta pela sobrevivência, típica das classes populares, e mesmo da busca pela ascensão social, própria das classes médias, eles podem dedicar-se exclusivamente à satisfação de seus prazeres individuais. O lazer, os *hobbies*, o supérfluo e, sobretudo, o ócio a que se dedicam os personagens só são possíveis nas condições objetivas em que eles vivem.

Vale ainda observar que a crise familiar se instala e a própria possibilidade de matarem a mãe começa a ser cogitada a partir do momento em que as condições sociais de reprodução dessa posição privilegiada deixam de ser garantidas. É interessante notar que, mesmo diante das

---

[1] Para uma discussão mais detalhada da perspectiva de Bourdieu, especialmente das implicações desta para a compreensão das relações família-escola, ver: NOGUEIRA; NOGUEIRA, 2009; NOGUEIRA, 2002; 2011.

dificuldades econômicas que agora se apresentam, os membros da família não pensam em trabalhar ou em iniciar, por exemplo, alguma atividade agropecuária nas terras da família. As disposições típicas das classes dominantes que eles incorporaram ao longo de sua socialização no seio familiar, ou, nos termos de Bourdieu, seu *habitus*, impede-os de pensar em exercer atividades produtivas e, mais ainda, na possibilidade de se adaptarem a uma vida mais modesta. O que eles buscam, por meio do assassinato da mãe e da venda da mansão, é uma alternativa para continuarem a viver comodamente de rendimentos financeiros.

Do ponto de vista da reprodução de sua posição social, os membros da família que se uniram em oposição à mãe provavelmente estavam certos. Os tempos haviam mudado. Os rendimentos bancários já não eram suficientes e existia, além disso, um grande interesse do setor imobiliário pelas terras da família, que precisaria ser aproveitado. A oportunidade estava dada e não poderia ser desperdiçada. Diante dela, a mãe e sua defesa intransigente da manutenção da mansão transformam-se em um empecilho à preservação da posição social dos personagens. Empecilho esse que precisaria ser removido.

O conflito central do filme está, portanto, diretamente relacionado com o problema bourdieusiano da reprodução das posições sociais. Todo o desespero dos membros da família e a falta de escrúpulos com que eles agem só tornam-se compreensíveis quando consideramos a importância efetiva que a luta pela manutenção das posições sociais têm na vida das famílias, particularmente no caso das elites. A decadência social é vista como a pior das alternativas. Para evitá-la, qualquer barreira moral pode ser transposta.

## Para além das estratégias de reprodução da posição social

As famílias não se reduzem, no entanto, a máquinas de reprodução social. Por meio do conflito entre a mãe e os demais parentes em torno da venda do patrimônio, Carlos Saura focaliza a tensão entre duas dimensões essenciais das famílias. Por um lado, elas são grupos de interesse. Os membros de uma família compartilham uma dada posição social, ou seja, um determinado patrimônio, envolvem-se nas estratégias de reprodução dessa posição, incluindo os conflitos sobre o melhor caminho a ser seguido, e são diretamente impactados pelos resultados positivos ou negativos alcançados coletivamente. Por outro lado, no entanto, as famílias são também grupos identitários e redes de laços emocionais. Quando a mãe se opõe à venda da mansão e à divisão do patrimônio, ela não está simplesmente discordando em relação ao melhor modo de se garantir a manutenção da posição social do grupo. Ela está lutando pela preservação da família como uma instância que, mais do que interesses, compartilha uma história, valores, tradições, laços emocionais.

Não se trata, no entanto, de interpretar as coisas de maneira dicotômica, em termos da oposição entre uma mãe afetiva e compromissada com a unidade da família e os demais membros da grupo, interesseiros e egoístas. Interesse e afeto se misturam de múltiplas maneiras. Da parte da mãe, sua defesa do patrimônio e dos laços familiares é inseparável do seu interesse em se manter em sua posição de domínio no centro da vida familiar. No que se refere ao restante da família, eles também não se reduzem à busca egoística de interesses materiais. Como foi discutido ao longo deste texto, eles fazem parte da rede de laços emocionais que constituem aquela família com sua identidade própria. Até mesmo a loucura de cada um só faz sentido no interior das relações que mantém com os demais membros. Em poucas palavras, eles estão presos à sua família por vínculos que vão muito além do simples interesse financeiro.

*Mamãe faz 100 anos* não deve ser reduzido a um simples retrato de uma família excepcionalmente perversa, que coloca os interesses materiais acima dos laços emocionais. Ele nos fala de algo bem mais geral, o frágil e ambíguo equilíbrio entre afeto e interesse presente em todas as famílias. É fácil condenarmos a imoralidade e o egoísmo dos filhos e da nora do filme. Mais difícil é vencermos o modo idealizado como tendemos a conceber a instituição familiar, reconhecendo na nossa própria e nas demais famílias reais elementos do intrincado jogo de interesse e afeto retratado na ficção.

## Referências

BOURDIEU, Pierre. *Escritos de educação*. Petrópolis: Vozes, 1998.

BOURDIEU, Pierre. *A distinção*: crítica social do julgamento. São Paulo: Edusp; Porto Alegre: Zouk, 2007.

ELIAS, Norbert. *A sociedade dos indivíduos*. Rio de Janeiro: Jorge Zahar, 1994.

LAHIRE, Bernard. *O homem plural*: os determinantes da ação. Petrópolis: Vozes, 2002.

LAHIRE, Bernard. *Retratos sociológicos*: disposições e variações individuais. Porto Alegre: Artmed, 2004.

NOGUEIRA, Maria Alice; NOGUEIRA, Cláudio Marques Martins. *Bourdieu e a educação*. Belo Horizonte: Autêntica, 2009.

NOGUEIRA, Cláudio Marques Martins. Família: relação família-escola. In: DICIONÁRIO TRABALHO, PROFISSÃO E CONDIÇÃO DOCENTE, GESTRADO. Belo Horizonte: UFMG, 2010.

NOGUEIRA, Cláudio Marques Martins. Entre o subjetivismo e o objetivismo: considerações sobre o conceito de habitus em Pierre Bourdieu. *Teoria & Sociedade*, Belo Horizonte, n. 10, p. 144-169, jul./dez. 2002.

# Natal em família: relações de parentesco na contemporaneidade

Áurea Regina Guimarães Thomazi

> *As famílias felizes parecem-se todas; as famílias infelizes são infelizes cada uma à sua maneira.*
> Léon Tolstói

Quando recebi o convite para escrever um comentário sobre o filme *Parente é serpente,* de Mauro Monicelli, fiquei feliz por adorar cinema, mas preocupada, pois "família" não é a área sobre a qual desenvolvo minhas pesquisas. Mas seria bom me aventurar por outros temas. E como sempre trabalho com filmes nas disciplinas que leciono, decidi aceitar o desafio, o que também me daria prazer.

Já tinha visto o filme há alguns anos e a lembrança que me vinha à mente era de uma festa de Natal em família na qual os parentes disputavam alguma coisa e acabavam expondo suas "imperfeições". Lembrei que teria alguma coisa a ver com *O discreto charme da burguesia*, no qual Luis Buñuel faz uma sátira das relações entre pessoas reunidas em torno de uma mesa, em um jantar. Mas, apesar de alguma semelhança, são dois filmes bem diferentes.

Revi *Parente é serpente* para relembrar exatamente o roteiro e pensar sobre como eu o abordaria. A primeira sensação foi a do lugar-comum. Ao nos transportarmos para a história narrada pelo pequeno Mauro, como seu dever de casa sobre o Natal na casa de seus queridos avós maternos, temos a impressão de que já assistimos a várias das situações ali apresentadas. Se não as vimos ou presenciamos, já ouvimos contar. As boas e as más. Assim, constatei que esse filme seria um objeto bem interessante para uma análise sociológica, pois ali encontraria, ao mesmo tempo, elementos das particularidades daquela família e elementos universais dessa categoria social, como exemplificam os dizeres de Tolstói. Mas preocupou-me também entender esse fenômeno no contexto em que Monicelli o apresenta, em uma comuna italiana, na contemporaneidade, possivelmente no início dos anos 1990, após a queda do muro de Berlim.

Entretanto, o foco na família ainda é algo bastante amplo. Poderia explorar vários aspectos, como a relação conjugal e extraconjugal, a relação entre os pais na educação dos filhos ou o lugar do idoso na família, que foi o que mais me chamou a atenção nessa história. O crescimento da população idosa com o aumento da expectativa de vida torna essa questão cada vez mais atual e urgente de ser refletida para que a sociedade encontre novas formas de lidar com essa também nova realidade. Aliás, fiquei pensando o que teria motivado Monicelli a tratar essa questão nesse filme e levantei a hipótese de que talvez pudesse ser o fato de ele estar com 77 anos de idade quando dirigiu o filme.

De fato, minha atenção se volta principalmente para o casal de idosos, os Colapietros, e a dinâmica matriarca da família.[1] Por isso decidi fazer uma análise mais geral sobre as relações familiares na contemporaneidade, ressaltando alguns aspectos que julguei mais interessantes do ponto de vista de minha própria imaginação sociológica. Em alguns momentos, pedi ajuda a alguns de meus mestres da Sociologia. Imaginei, ainda, o que diriam ou em que colocariam o foco, caso eu pudesse ressuscitá-los e convidá-los para ver esse filme ao meu lado, os célebres Marx, Weber e Durkheim.

As primeiras cenas apresentadas na narração de Mauro mostram uma pequena cidade no interior da Itália, bastante aconchegante, não obstante o frio e a neve que cobre o chão. Muitas pessoas circulam pelo

---

[1] Utilizaram-se neste texto principalmente as expressões "avó", "*nona*" (avó em italiano e aquela que guarda as receitas) e "matriarca" (a mulher que tem o comando da família) para nominar a senhora Colapietro. Mas em alguns momentos é usada a palavra "mãe", quando for feita referência diretamente à relação com algum de seus filhos ou alguma de suas filhas.

que parece ser um centro comercial e o neto do casal Colapietro vai descrevendo a vila, a igreja, a prefeitura, ex-escola e seus habitantes, com grande familiaridade e afeto. O que ele chama de "a mais bela cidade do mundo", onde nasceram seus pais, parece uma grande família em que quase todos se conhecem, sabem da vida uns dos outros e falam uns sobre os outros. Sabe-se, por exemplo, que o advogado Colacioppo é famoso porque tem clientes no Norte, região mais favorecida da Itália, ou que uma atraente mulher chamada Assunta torna a vida dos militares menos dura e que, segundo o pai de Mauro, ela faz concorrência a um comerciante *gay*.

A cena da missa da meia-noite na véspera de Natal é outro exemplo. Nela, os habitantes locais, ao se dirigirem para a Igreja vestidos elegantemente e parecendo compenetrados, tecem comentários sobre um casal de estaturas tão diferentes, sobre o homem que, apesar de casado e já com filhas gêmeas, ainda recebe mesada do pai, a mulher que usa silicone, aquele que foi traído pela mulher e mudou de partido ou da outra que se prostituiu na Arábia Saudita.

Depois de apresentar o entorno e antes de mostrar a casa dos avós, para onde seguem, Mauro apresenta sua família durante o percurso: o pai, Michel, fotógrafo na prefeitura de Teramo, e a mãe, professora que trabalha na biblioteca municipal. O menino vem calado no banco de trás olhando a paisagem da estrada e a mãe, que sempre sofre de colite, irritada, briga com o filho e o marido, por diferentes motivos. Os dois não retrucam. Parecem não se deixarem atingir pelas suas costumeiras queixas e sermões.

Finalmente chegamos à casa dos avós e, já de início, a cena que se vê é da avó recolhendo uma colcha na sacada. A seguinte é ela na cozinha preparando uma massa, quando ralha com o avô, preocupada com a limpeza da casa, ansiosa para receber os filhos. Aqui há um ponto que merece ser destacado: na maior parte das cenas a avó está trabalhando, arrumando, cozinhando, carregando alguma coisa, fazendo biscoitos fresquinhos como os que os filhos comiam na infância, servindo a mesa, carregando a bacia com carvão. É verdade que o avô estava com a memória comprometida e um pouco fora do contexto, misturando coisas do passado, mas ele tinha autonomia, estudava inglês e obedecia à matriarca sem contestar, como ele justifica para o neto, quando é obrigado a trocar a farda por uma roupa comum para ir à missa. E todos os dias o casal de idosos saía para fazer uma caminhada, independentemente do frio e da neve.

Uma cena, em especial, chama a atenção pelo dinamismo da avó. Ela se levanta da cama, no dia de Natal, antes de todos, fala para o neto e o filho ficarem mais tempo deitados no quentinho, os filhos vão-se levantando e se sentam em volta dela na cozinha, com ares de preguiça ou encolhidos de frio, enquanto aguardam que ela lhes sirva o café ou a cevada. Cabe então perguntar até que ponto esse casal de idosos precisa dos cuidados e amparo de seus filhos?

Embora essa questão seja retomada na parte final deste texto, uma observação merece ser feita a propósito do tema tratado em algumas pesquisas quantitativas que abordam a "frequência de encontros entre os membros da família e do grupo de parentesco", nas quais Singly (1993, p. 68) conclui que na análise das relações familiares das sociedades contemporâneas as "dimensões 'subjetivas' devem ser levadas em consideração". Mas, ao mesmo tempo, indica aspectos objetivos que distinguem:

> Entre as pessoas idosas que não são colocadas em instituições, aquelas que "doam" a seus filhos sem receber ("doador exclusivo"), aquelas que apenas recebem ("recebedor exclusivo") e aquelas para quem há um duplo fluxo ("doador e recebedor").

Esse autor constata, ainda, que:

> Dar sem receber é mais bem percebido que receber sem dar [...] Essa insistência em afirmar a reciprocidade, sobretudo no caso de pais recebedores, revela que a anterior doação dos pais durante a juventude de seus filhos não é codificada como devendo receber em contrapartida. A manutenção de uma boa relação afetiva é função de trocas imediatas. Isso é perceptível igualmente pelo fato de que a relação entre pais doadores e sentimento de bem-estar pessoal é forte; pais recebedores são, ao contrário, associados à existência de sintomas depressivos. Os pais não desejam ser dependentes de seus filhos, eles não querem estar sob sua responsabilidade e preferem ir para uma instituição (SINGLY, 1993, p. 76).

Depois da chegada de Mauro e seus pais, chegam o tio Alessandro, apresentado por Mauro como amigo da natureza e que trabalha nos correios ao lado da esposa Gina, uma mulher insinuante que "apronta" com o marido, e da filha adolescente, Mônica, que quer ser bailarina. Mais tarde chegam de Roma a outra filha do casal Colapietro, Milena, com o esposo, Filippo, oficial da aeronáutica. Ela sempre chorosa porque não pode ter filhos e, muito sensível, diz que não suporta nem ouvir as notícias tristes da TV. O último a chegar é Alfredo, solteiro, professor de italiano em uma escola feminina, que mais tarde, depois de passadas as comemorações de Natal, revela, para surpresa dos irmãos, que é homossexual.

Todos chegam muito alegres e cheios de presentes. A *nona* os recebe cheia de alegria e o tempo todo os enche de mimos, principalmente o neto Mauro. Contrariando os pais do menino, permite que ele durma no quarto dos avós, como sempre fez desde pequenino.

Mauro nos apresenta os cômodos da casa, cenário da maior parte do filme. A casa é velha, mas ampla e ao mesmo tempo aconchegante, com pé-direito alto, portas largas, grandes janelas que permitem ver a neve caindo suave e calmamente o tempo todo. A casa também é cheia de quadros e objetos que, sem dúvida, acompanham o casal desde quando os filhos eram pequenos. É uma casa de memória e essa memória é sempre evocada por algum dos filhos e, em especial, pela avó de Mauro: os biscoitos, as brincadeiras na neve, a dança de Alfredo. Os filhos também se emocionam com algumas recordações e até a rodeiam, dançam e cantam uma canção de amor à mãe.

Mas nem tudo são flores. Já no início, ainda antes da chegada de Alfredo, as irmãs falam mal da cunhada Gina e insinuam que ela trai o marido. Na frente de Gina, entretanto, elas reclamam de seus fracassos e doenças ou comentam sobre o casamento, não sem soltarem algumas farpas sobre a noiva e a celebração. A cunhada Gina, sempre exibida, fala da qualidade de suas roupas, da ioga, da meditação que faz todos os dias e a recomenda, está sempre refastelada e não é capaz de cooperar nos serviço da casa, enquanto as duas irmãs fazem a cama ou descascam alguma coisa na cozinha. Além disso, insinua-se para o concunhado, com quem depois todos descobrem que ela teve um caso bem "quente".

E, se vimos várias cenas em que os filhos bajulam a matriarca dos Colapietros, a relação das respectivas mães com Mauro e Mônica é bem diferente. Ambas estão sempre repreendendo os filhos. A mãe de Mauro o tempo todo se revela queixosa e impaciente, reclama do que ele come, se dorme com os avós, se se expõe ao frio, se não fez os deveres. A mãe de Mônica admite que a filha não é algum gênio na escola e que o que consegue fazer já é lucro. Gina só se preocupa com o que a filha come para não engordar e poder trabalhar na TV e se tornar bailarina. Por isso, vigia a menina chamando-lhe sempre a atenção: "Você sabe quantas calorias tem isso aí?". Em uma dessas oportunidades, Alfredo, o tio, contemporiza: "As coisas boas da vida são ilegais, imorais ou engordam".

Sob uma perspectiva sociológica, percebe-se uma típica divisão de trabalho e de papéis por sexos, pois, enquanto a *nona* e suas duas filhas cuidam dos afazeres da casa, os homens jogam cartas, comentam sobre futebol, saem para caçar passarinho. O pai de Mauro, inclusive, cobra da esposa o fato de ela ter esquecido o calmante dele e ela se revolta dizendo que está farta, pois lhe cabem todas as providências para saírem de viagem, como descongelar a geladeira, fechar o gás, entre outras preocupações. A exceção masculina, embora homossexual, é Alfredo, que ajuda na cozinha e tenta preparar uma enguia. A exceção feminina é Gina, sempre mimada e para quem o marido leva café na cama. Há uma única cena em que os outros homens estendem a toalha sobre a mesa.

Ao se tratar do elemento trabalho, ainda que não tenha a intenção de explorar essa categoria, é interessante destacar algumas passagens que Monicelli coloca no cenário, sem dúvida, propositadamente, devido à sua preocupação com os proletários e a classe trabalhadora. A primeira cena é quando Mauro apresenta o tal advogado famoso e este, ouvindo dois operários na rua se queixarem de estarem trabalhando naquele dia, provoca-lhes: "Páscoa, Natal, trabalhem, operários! O muro caiu! Quem vai defendê-los?"

Em outra cena, Monicelli faz referência novamente à queda do muro de Berlim, quando Michel provoca uma discussão com o cunhado Alessandro, perguntando-lhe sobre se ainda deveriam existir a foice e o martelo depois que tantos países deixaram de ser comunistas. Durante a refeição, com todos à mesa, ele volta ao assunto com o apoio do concunhado, esposo de Milena, exaltando a fartura, a liberdade e a democracia existentes na Itália, e diz que não entende do que se queixam os comunistas.

O filme evolui e as peças do quebra-cabeça vão se juntando. Embora desde o início já seja possível levantar algumas hipóteses sobre o caráter dos personagens, vamos conhecendo melhor as atitudes, personalidade e até a postura política deles. É como se estivéssemos ali, dentro daquela casa, convivendo com eles e descobrindo-os pouco a pouco. A esposa de Michel, mãe de Mauro, por exemplo, também se revela uma pessoa bem pouco sensível. E o que pode parecer um diálogo sem importância mostra bem a indiferença desses personagens com o sofrimento alheio. Trata-se de quando a matriarca comenta sobre um terremoto horrível que provocou centenas de mortes na China e aquela comenta, aliviada, que lá a população é enorme e está "acostumada às catástrofes, fome, epidemias e carestia". Já Milena não consegue nem ver essas notícias que lhe fazem mal.

Mas Monicelli não mostra apenas um lado de seus personagens. Assim como as pessoas de carne e osso, a família Colapietro tem seus momentos de afetividade, de gentileza, de amistosidade e de alegria. Em parte, por estarem em férias, reunidos na casa dos pais, eles têm momentos de troca, compartilhando uma mesa carinhosamente preparada pela *nona*, jogam cartas ou bingo, assistem a programas na TV e se envolvem em uma emissão que testa os conhecimentos sobre os artistas. Mas o momento de mais descontração é quando todos vão para fora brincar na neve, escorregando, fazendo bonecos ou guerra de bola de neve como quando eram pequenos ou, simplesmente, tomando uma bebida. É interessante destacar que os adultos brincam feito crianças, vigiados pela *nona* e pelo *nono* em pé, encolhidos de frio na porta do sobrado, recomendando cuidado, enquanto os netos Mauro e Mônica apenas observam da sacada, ela, como sempre, saboreando um chocolate.

A trama, então, vai intercalando momentos em que os personagens se mostram mais ou menos próximos e afetuosos uns com os outros com cenas em que também são quase formais, um tanto falsos e que, em certo momento, tiram as máscaras e se tornam irônicos, como no momento da troca de presentes, talvez a cena mais lugar-comum possível. Todos já vivemos situações parecidas, em que as pessoas entregam ou trocam presentes. A avó ganha um broche, o avô, uma luva bem colorida para o frio, Mauro ganha uma lata de coca-cola que dança quando se faz barulho e a oferece ao avô. Este, sempre sem se importar com o julgamento que fazem dele, fala em inglês com a lata. Sorrisos, gentilezas e comentários procurando valorizar o presente, mas também agradecimentos sarcásticos. A mãe de Mauro ganha uma camisola da irmã Milena e diz que "sempre procurou uma naquele tom de rosa e nunca encontrou" e, quando recebe um saca-rolhas da cunhada Gina, responde: "Era tudo que sonhei na vida". O pai de Mauro também agradece o presente do concunhado Filippo, dizendo: "Não sabe como essa caneta me pode ser útil".

Ainda sobre os presentes, há um aspecto que merece ser comentado. O objetivo ao se dar um presente é agradar a alguém e o mais adequado é oferecer algo, comprado ou não, que se enquadre no gosto, na vida, nos costumes e nos prazeres do presenteado. Entretanto, no filme, e muitas vezes na vida real, as pessoas presenteiam com aquilo que lhes é mais conveniente ou que tem baixo custo, seja de tempo, seja dinheiro. A troca entre Milena e o irmão Alfredo evidencia que o critério tenha sido a simples utilidade de uma chaleira ou, quem sabe, até a oportunidade de uma liquidação? Até a avó de Mauro, numa prática bastante corriqueira em nossa sociedade, presenteia-o com uma soma em dinheiro e justifica: "Compre o que quiser". Ainda que visivelmente esse presente tenha lhe agradado, essa é uma forma de declarar que ela não saberia escolher algo do seu verdadeiro gosto.

Mas isso não é tudo. A família Colapietro também tem seus momentos de religiosidade e fé. E em uma primeira cena a matriarca escuta uma campainha, corre a apagar as luzes da casa, pede silêncio e todos a obedecem acompanhando a procissão pela janela. Em seguida, fazem fila e beijam as mãos do *nono* e da *nona*, como manda a tradição.

Aproximando-se do desfecho, após a procissão, a ceia, as brincadeiras na neve, a missa de Natal e a troca de presentes, enfim, o almoço de Natal, quando a *nona,* após uma introdução emocionada, mas firme, anuncia que decidiu morar com um dos filhos. No início todos pensam que ela fará um rodízio e recebem a ideia com certa aceitação, "desde que seja planejado". Mas, quando ela esclarece que não quer ficar trocando de casa em casa e que cabe a eles decidirem quem os acolherá e que esse filho ou filha receberá metade da pensão da aposentadoria militar do *nono,* além da casa, nesse momento um grande e constrangedor silêncio se impõe na sala de jantar.

A sensação é de que o filme começa aqui e de que o que já foi visto foi apenas uma introdução. Se, antes, essa família ou grupo de parentesco já havia mostrado algo por baixo de suas máscaras, a partir desse momento os personagens começam a se mostrar sem censuras e a lutar por seus interesses. É quando se levanta a questão sobre: que família é essa? O que determina o comportamento e a ação desses indivíduos? Do ponto de vista sociológico, que análises podemos fazer? E então procurei levantar algumas pistas para reflexão a partir do que penso que poderia ser o foco de alguns sociólogos sobre esse fenômeno, sobre essa história e, principalmente, sobre seu desfecho, optando por não detalhar nem comentar, deixando para cada leitor sua própria análise, após assistir ao filme. Levanto apenas alguns pontos para contribuir com uma reflexão.

Analisando as relações e os vínculos dessa família italiana, é inevitável pensar no que Durkheim (2008) denominou consciência coletiva. Se, nas sociedades pré-capitalistas, os indivíduos se uniam e estabeleciam solidariedade mecânica pelos laços de consanguinidade, valores e crenças, agora os vínculos se estabelecem pela dependência econômica e a consciência individual se sobrepõe à coletiva. Essa última, que determinava o que era "imoral, reprovável ou criminoso", torna-se mais frouxa e permite que atitudes antes condenadas pelo próprio indivíduo possam ou não ser punidas pela sociedade.

Em sua análise sobre a individualização no processo social contemporâneo, Elias (1994) corrobora essa leitura sobre as relações familiares, mostrando que as relações de parentesco vão diminuindo, quando explica que as "funções de proteção e controle dos indivíduos antes exercidas por pequenos grupos, como a tribo, a paróquia, o feudo, a guilda ou o Estado", vão sendo transferidas e nos "Estados altamente centralizados e cada vez mais urbanizados" as pessoas "deixam mais e mais para trás, os grupos locais próximos, baseados na consanguinidade" (Elias, 1994, p. 102).

Elias (1994, p. 102) mostra, ainda, que o "envolvimento com a família, o grupo de parentesco, a comunidade local e outros grupos dessa natureza [...] vê-se reduzido" e que as pessoas "têm menos necessidade de adaptar seu comportamento, metas e ideias à vida de tais grupos ou de se identificar automaticamente com eles". Ele conclui que, "à medida que os indivíduos deixam para trás os grupos pré-estatais estreitamente aparentados, dentro de sociedades nacionais cada vez mais complexas, eles se descobrem diante de um número crescente de opções. Mas também têm que decidir muito mais por si".

Os vínculos da família Colapietro parecem confirmar essa ideia, pois se mostram mais frouxos, dando a impressão de que os encontros entre esses parentes só acontecem mesmo anualmente, no Natal. Sem muita convivência, os valores e os compromissos entre eles também vão se modificando. Na situação mostrada no filme, percebe-se bem como os filhos, filhas e cônjuges do casal Colapietro se definem diante de várias opções sobre como resolver o impasse de se responsabilizarem pelos pais. E vê-se também que foram capazes de escolher uma opção e decidir por eles próprios.

Por outro lado, colocando os óculos de Max Weber para assistir a esse filme, o conceito de ação social é a primeira noção que vem à minha mente. Esse pensador, com sua sociologia compreensiva, ajuda a compreender, sem procurar julgar, a conduta dos filhos e seus cônjuges sobre como resolver o impasse de quem assumiria a responsabilidade de cuidar dos pais. Um motivo predominantemente racional no lugar do emocional ou tradicional determina a ação dos indivíduos que, em dado momento, se unem em torno de um mesmo interesse (WEBER, 2004). Podem-se observar algumas condutas subjetivamente motivadas por aspectos emocionais quando os irmãos e cônjuges, na ausência do casal de idosos, discutem e acabam brigando. Da mesma forma, observam-se condutas motivadas pela tradição quando participam da missa de Natal ou beijam as mãos do *nono* e da *nona* durante a procissão. Não obstante situações como essas, nota-se que as ações motivadas pela racionalidade predominam entre as condutas desse grupo de parentesco. Os critérios e a decisão de quem e como deveriam se responsabilizar pelos pais são sempre pontuados por aspectos racionais que possuem finalidade bastante explícita.

Por último, pensei: se Marx e seu companheiro Engels estivessem ao meu lado assistindo ao filme, qual conceito me emprestariam que me auxiliasse na leitura das relações dessa família? Apesar de esses pensadores terem formulado sua teoria no final do século XIX, ela serve para analisar essa família do século XX e penso que traz uma pista para pensar a tese de que as condições materiais e objetivas de existência são determinantes da consciência, e não o contrário (MARX; ENGELS, 2007). Ou seja, as condições objetivas do modo de produção capitalista é que determinam, em grande medida, a consciência desses indivíduos que, pode-se dizer, priorizam o consumismo e o bem-estar individual. Prova disso é a cena final, em que eles, tranquila e alegremente, festejam a chegada do Ano-Novo. A consciência, os valores, as atitudes e as decisões que tomam na vida são fundamentadas no modo de viver determinado pela lógica e pelos princípios do capitalismo.

Essa pista pode ser reforçada se buscarmos em Sennett (2007, p. 24-25) uma explicação sobre as relações da família contemporânea, quando ele se refere ao imediatismo e ao fato de que não pensar em "longo prazo" afeta "o caráter pessoal, sobretudo em relação à [...] vida familiar". Para esse autor, a "dimensão do tempo do novo capitalismo [...] afeta a vida emocional das pessoas fora do local de trabalho. [...]". Transposto para a área familiar, "não há longo prazo" significa mudar, não se comprometer e não se sacrificar. E é exatamente isso que vimos nas discussões e nas atitudes dos descendentes do casal Colapietro. No máximo eles pensam em um médio prazo e *cogitam a possibilidade de que os avós podem ficar doentes.* Mas, sem dúvida, nenhum deles está disposto a assumir compromissos e a se sacrificar nem pelos filhos, nem pelos irmãos, nem pelo cônjuge e muito menos pelos pais. Há uma cena do filme em que os vizinhos, os Cardelinis, vêm à casa dos Colapietros. Os homens jogam cartas enquanto as mulheres, Alfredo e o avô jogam bingo. Nesse momento, a senhora Cardelini, de 95 anos de idade, a qual, segundo Mauro narra, só tem permissão para sair do asilo na festa de Natal, implora para que "não a deixem voltar para aquele lugar horrível". Todos fazem menção de apoiá-la e de se solidarizarem, mas o assunto é ignorado e encerrado no mesmo momento.

Nesse instante, Monicelli aborda uma questão: com quem realmente se pode contar? Recorremos novamente a Singly (1993, p. 78), ao citar dados colhidos junto a alguns casais sobre "a rede de afinidades (o nome de pessoas com quem o indivíduo interrogado amaria estar), a rede de solidariedade (o nome de pessoas por quem esse indivíduo aceitaria sacrificar tempo, dinheiro e esforços), a rede de autoproteção (o nome de pessoas a quem esse indivíduo pode pedir ajuda)".

O resultado mostrou que nas ligações afetivas os pais estão em primeiro lugar, os irmãos e irmãs em segundo e, em terceiro, os avós, enquanto os tios e tias, primos e primas são raramente citados. Constatou-se que "a rede de afinidade é composta de prioridade por pessoas da família de origem (ou do seu cônjuge); para a rede de solidariedade e autoproteção, é ainda mais nítido. Pedir a outros membros do grupo de parentesco (tios, tias, primos e primas) uma ajuda é quase impensável" (SINGLY, 1993, p. 78).

As cenas em que os filhos, filhas e cônjuges saem para um restaurante ou aproveitam a saída dos avós para discutir quem abrigará o casal ilustram bem o "jogo de empurra" e as opiniões sobre quem deveria, quem seria mais adequado, quem teria mais obrigação. A opinião de Gina, a cunhada, é logo de início reprimida sob o argumento de que ela "não é da família". Uma das primeiras propostas acaba sendo jogar a responsabilidade sobre Alfredo, o único solteiro e ausente no momento. Milena chora e se diz emocionada ao pensar nos pais fora daquela casa e nas festas de Natal que não acontecerão mais ali. As duas irmãs fazem parecer que estão contendo o choro.

Ainda assim, o pai de Mauro, pensando que seria Alfredo o escolhido, não se sente constrangido em questionar a doação de meia pensão e atribui essa oferta a uma "gentileza" da *nona*. Todos discutem a posse dos objetos que estão dentro da casa e é inevitável o argumento de que "não é nem pelo valor, mas pelo lado sentimental". Chega a ser hilária, ou melhor, "seria cômica se não fosse trágica" a cena em que lembram que o televisor é novinho e a máquina de lavar "que tem um programa para roupas delicadas" foram presentes do Natal anterior. A mãe de Mauro e Gina também disputam uma cômoda entalhada que lhe teria sido prometida pela bisavó antes de morrer, ainda que essa bisavó tenha falecido antes de ela nascer. Essas atitudes comprovam o que Singly (1993, p. 70) afirma sobre a fragilidade das relações dentro da família quando da divisão da herança e de como "a difícil gestão dos interesses pessoais entre os herdeiros" desestabiliza as relações.

Mas quando comunicam a decisão a Alfredo e este se recusa, finalmente contando que é homossexual e que tem um companheiro, a luta pelos interesses se torna mais explícita. Os critérios para responsabilizar cada um são os mais diversos, a começar pelo tamanho de cada casa e o número de cômodos, passando pelos favores que um já havia feito ao outro, chegando a denúncias comprovadas com fotos de relações extraconjugais entre o pai de Mauro e Gina. Há também um desabafo da mãe de Mauro, quando acusada de ter acostumado mal o casal, sempre tomando conta e acompanhando o pai no hospital, ao que ela revida: "Eu os aturo há 20 anos, agora cuidem deles vocês".

Em estudo bem recente, Whitaker (2010), preocupada com o novo papel do idoso nas sociedades contemporâneas e urbanizadas, convida os professores a discutirem essa questão com seus alunos, recuperando a dignidade dessa "importante categoria sociológica". E mostra que:

> Os idosos não podem mais contar com o apoio da parentela que lhes garantia apoio e bem-estar. Hoje os idosos devem resolver a maior parte dos seus problemas sozinhos, devem frequentar grupos de terceira idade e ler livros de autoajuda, porque a depressão é ameaça constante, em face das doenças que ameaçam durante o envelhecimento (WHITAKER, 2010, p. 183).

E acrescenta:

> É difícil escapar à depressão, quando aos achaques próprios do envelhecimento associam-se: o discurso dos gestores da Previdência sobre o peso das pensões e aposentadorias; a ideologia perversa de que os idosos não precisam receber o montante que recebiam quando em idade ativa; e os apelos para esconder rugas e cabelos brancos como se fossem estigmas. Acrescente-se a isso, ainda, a hostilidade do espaço urbano e do transporte público [...] (WHITAKER, 2010, p. 183).

Mas, afinal, o que faz com que essa família aja dessa forma? Poderíamos pensar que se trata mais de um aspecto universal ou de uma particularidade? Sempre foi assim ou seria um sinal dos tempos? Uma pista interessante a ser investigada pode ser encontrada na introdução de *O mal-estar da pós-modernidade*, na qual Bauman (1998, p. 10) afirma:

> Você ganha alguma coisa e, em troca, perde alguma outra coisa: a antiga norma mantém-se hoje tão verdadeira quanto o era então. Só que os ganhos e as perdas mudaram de lugar: os homens e mulheres pós-modernos trocaram um quinhão de suas possibilidades de segurança por um quinhão de felicidade. Os mal-estares da modernidade provinham de uma espécie de segurança que tolerava uma liberdade pequena demais na busca de uma felicidade individual. Os mal-estares da pós-modernidade provêm de uma espécie de liberdade de procura do prazer que tolera uma segurança individual pequena demais.

Para concluir e refletir sobre o presente e o futuro das relações de parentesco, vale citar novamente Bauman (2004) que, em outra de suas sobras, ao tratar da fragilidade dos laços humanos nas relações amorosas da "sociedade líquida" e diferenciar a "afinidade" como algo escolhido e não já determinado, afirma que "as redes de parentesco se sentem frágeis e ameaçadas. Suas fronteiras se tornam embaçadas e contestadas". E ele alerta, ainda, que "as redes de parentesco não podem estar seguras de suas chances de sobrevivência, muito menos calcular suas expectativas de vida" (BAUMAN, 2004, p. 47-48).

E, passadas apenas cerca de duas décadas do contexto em que se desenrola esse filme, ao assisti-lo, convido o leitor a um exercício de imaginação sociológica, buscando identificar em que aspectos essa história é semelhante à sua família, à família das pessoas de sua convivência ou às famílias contemporâneas que você vê em outros filmes, na TV ou nos noticiários. E conclua, você mesmo, se Monicelli pretendeu apenas nos fazer rir ou pensar.

## Referências

BAUMAN, Zigmunt. *O mal-estar da pós-modernidade*. Tradução Mauro Gama; Claudia Martinelli Gama. Rio de Janeiro: Jorge Zahar, 1998.

BAUMAN, Zigmunt. *Amor líquido*. Sobre a fragilidade dos laços humanos. Tradução Carlos Alberto Medeiros. Rio de Janeiro: Zahar, 2004.

DURKHEIM. Émile. *Da divisão do trabalho social*. São Paulo: Martins Fontes, 2008.

ELIAS, Norbert. *A sociedade dos indivíduos*. Tradução Vera Ribeiro. Rio de Janeiro: Jorge Zahar, 1994.

MARX, Karl; ENGELS, Friederich. *A ideologia alemã*. São Paulo: Martins Fontes, 2007.

SENNETT, Richard. *A corrosão do caráter*: consequências pessoais no novo capitalismo. 12. ed. Tradução Marcos Santarrita. Rio de Janeiro: Record, 2007.

SINGLY, François de. *Sociologie de la famille contemporaine*. Paris: Nathan Université, 1993. (Sociologie 128.)

WEBER, Max. *Economia e sociedade*. São Paulo: Imprensa Oficial, 2004. v. 1.

WHITAKER, Dulce Consuelo Andreata. O idoso na contemporaneidade: a necessidade de se educar a sociedade para as exigências desse "novo" ator social, titular de direitos. *Cadernos CEDES*, Campinas, v. 30, n. 81, p. 121-264, maio-ago. 2010.

# O avesso do avesso: aproximações ao filme *Lavoura Arcaica* no contexto de uma pedagogia do olhar[1]

Monica Fantin
Gilka Girardello

> *Era boa a luz doméstica da nossa infância,*
> *o pão caseiro sobre a mesa, o café com leite e a manteigueira,*
> *essa claridade luminosa da nossa casa [...],*
> *essa claridade que mais tarde passou a me perturbar...*
> (NASSAR, 1992, p. 27)

Por onde começar a falar de um filme tão denso e profundo como *Lavoura Arcaica*? "Nenhuma conversa, nenhum texto, poderá jamais sintetizar o efeito de um filme como esse, sua trama enleante de imagens, sons, música, ritmo etc." (MATTOS, 2002, p. 10). E, ao mesmo tempo, como *não* falar sobre ele, como recusar o desafio que nos foi sugerido, o de contribuir para que essa obra primorosa do cinema brasileiro seja conhecida por mais educadores? Vamos em frente então, mas com uma postura cuidadosa de aprendizes, buscando trazer pistas e ideias nascidas da vontade de partilhar, com outros(as) professores(as) como nós, algumas das iluminações sensíveis que o filme é capaz de operar.

Vamos nos colocar aqui no lugar do(a) educador(a) que prepara uma aula sobre o tema da família, e que, por ter vivido a experiência

---

[1] Nossos agradecimentos a José Miguel Sousa Lopes pelo convite, e a Roselete Aviz pela mediação.

de fruição de *Lavoura Arcaica,* decide mostrar o filme à turma. Para isso, estuda os bastidores de sua produção. Temos em mente a intuição de Ismail Xavier – tão propulsora no contexto de uma pedagogia do olhar – de que "enxergar mais é estar atento ao visível e também ao que, fora do campo, *torna visível*" (2003, p. 57, grifos nossos). Assim, quais seriam alguns dos temas que emergem do filme *Lavoura Arcaica*, e que poderiam emocionar, provocar, fazer pensar – em suma: *enxergar mais* – sobre o tema da família hoje e a trama complexa de amor e poder em que ela consiste? Que pistas sobre isso nos dão as muitas vozes do lado avesso do filme, desde a do narrador da novela de Raduan Nassar em que ele se baseia até as do diretor, do fotógrafo, da diretora de arte, do diretor musical?

Nossa proposta, desse modo, é explorar algumas possibilidades de leitura do filme a partir das sugestões dadas pelos artistas que participaram de sua produção. Um ponto de partida é o documentário (*making-of*) com entrevistas da equipe, intitulado *Nosso Diário*. No caso do DVD *Lavoura Arcaica*, esse documentário, que compõe os "extras", é uma rica possibilidade de ampliação e aprofundamento da obra em si. Partimos também do livro organizado pelo diretor do filme, Luiz Fernando Carvalho, sobre aspectos da produção. E pinçaremos trechos da densa prosa poética do texto literário de Raduan Nassar, especialmente passagens que possam ser geradoras de inquietações sobre o tema da família.

Nessa aproximação ao filme pelas bordas, começaremos situando alguns elementos da trama, olharemos um pouco os bastidores técnicos, metodológicos e estéticos de sua produção, situaremos alguns elementos da sua linguagem. Nesse percurso, nosso foco principal será o tema da família, esperando assim suscitar algumas possibilidades didático-pedagógicas para abordar o filme. A primeira delas já se explicitou: olhar o filme a partir de seu avesso: os dispositivos invisíveis que com grande consistência conseguem – antes e por trás da cena – dar a ver.

## Pequena introdução ao filme

O romance *Lavoura Arcaica*, estreia de Raduan Nassar na literatura, em 1975, foi imediatamente considerado um clássico, "uma revelação dessas que marcam a história da prosa narrativa", como disse o crítico

Alfredo Bosi. Por sua força poética e a beleza trágica e singular com que aborda temas universais, tornou-se uma quase unanimidade na literatura brasileira contemporânea.

Apesar de o livro ter sido por muito tempo considerado "infilmável", em 2001 ele ganhou uma versão cinematográfica que foi altamente elogiada pela crítica e recebeu inúmeros prêmios nacionais e internacionais. Considerado uma das adaptações mais intransigentes já feitas no Brasil, o filme tem luz própria sem perder o encanto do texto em que se inspirou, "um texto em que se entrelaçam o novelesco e o lírico, através de um narrador em primeira pessoa, André, o filho, [que] revela o avesso de sua própria imagem e, consequentemente, o avesso da imagem da família".[2] Escrevemos, portanto, no âmbito do duplamente avesso.

No filme, o fluxo de consciência de André, o protagonista, vivido por Selton Mello, confronta-se com um turbilhão de sentimentos, catalisados pela irrupção de um amor incestuoso pela irmã (Simone Spoladore). Nem mesmo o carinho exacerbado da mãe (Juliana Carneiro) o impede de abandonar a família, numa revolta contra a opressão do pai, vivido por Raul Cortez. Sua volta para casa, pela mão do irmão mais velho, deflagra o cenário de conflitos que explode finalmente em tragédia.

A prosa do autor Raduan Nassar é narrada em voz-over ao longo do filme. O texto literário – densamente poético, abstrato e profuso – foi transposto quase na íntegra para o filme, compondo o enredo de um "filme sem roteiro". O tom épico da obra se mantém, e a prosa poética do texto torna-se escritura visual:

> Eu li o *Lavoura...* e visualizei o filme pronto, quando cheguei no final eu já sabia o filme – eu tinha visto um filme, não tinha lido um livro. Porque aquela poética é de uma riqueza visual impressionante, então eu entendi a escolha daquelas palavras que, para além de seus significados, me propiciavam um resgate, respondiam à minha necessidade de elevar a palavra a novas possibilidades, alçando novos significados, novas imagens. Tentei criar um diálogo entre as imagens das palavras com as imagens do filme. Palavras enquanto imagens (CARVALHO, 2002, p. 35-36).

Para o autor, capturado pela obra, um roteiro específico reduziria a proposta de linguagem que o encantou. Sua leitura do livro "passa

---

[2] Como consta da orelha do livro (NASSAR, 1997).

pela compreensão da arte como uma obra espiritual, que depende das tuas vísceras, da tua alma, das tuas antenas. Isso faz com que você penetre em zonas mais sutis. Não fui só eu, mas todo o elenco e a equipe mexeram com a alma daquelas palavras" (CARVALHO, 2002, p. 38).

## Por trás da tela: os bastidores da produção

Quando exibimos um filme em contexto formativo, normalmente fazemos uma breve contextualização da obra e do percurso do autor/diretor, a fim de aguçar o olhar e instigar a curiosidade dos estudantes. No caso de *Lavoura Arcaica*, esse estudo corresponde a uma iniciação, uma experiência estética que leva a ver não só o filme como a própria vida com outros olhos.

Saber dos bastidores, do *avesso do filme*, acompanhar a história de sua produção relatada no documentário, seguir as pistas por ele sugeridas, é poder apreciar a arte dentro do artesanato, o corte e a costura que não aparecem mas que garantem a beleza da roupa pronta. Esse avesso ressignificou nossa experiência de rever o filme, e é a partir dele que escolhemos alguns aspectos para compartilhar.

### *No retiro-laboratório, a equipe como "família espiritual"*

Se André, em sua revolta contra a opressão paterna, mostra o lado avesso da família patriarcal, o processo de preparação dos atores do filme parece ter apostado na criação de uma outra espécie de família, unida por laços fraternais. Isto porque, durante a preparação do filme, os membros da equipe passaram quatro meses vivendo juntos, em uma fazenda no interior de Minas Gerais.

Em vários dos depoimentos, a equipe se refere à dimensão "familiar" que a vida em comunidade assumiu. O próprio diretor conta que sua equipe artística constitui uma "família espiritual", com quem trabalha há muitos anos, o que gera uma "transfusão de pensamento, algo muito produtivo" (CARVALHO, 2002, p. 76). Ele descreve assim o cotidiano desse retiro-laboratório, na fazenda:

> Cada um tinha o seu dever de quarto, digamos assim, que é estudar o livro, pois tínhamos nossas leituras, não sei quantas vezes por semana – como se fosse numa escola, mesmo: você tem de manhã arado, ordenha, tal hora aula de dança, o *dakbe*,[3] tal hora aula de voz, tal hora aula de árabe, tal hora culinária pra aprender a fazer o pão...

---
[3] Dança folclórica árabe.

Aí chega um momento em que eles já estão, digamos, tão imbuídos da atmosfera de cada personagem e da relação entre eles... Porque a improvisação já criou vínculos, já estabeleceu a linguagem, que é uma coisa que vem antes da própria fala, já foi criado um discurso do corpo, dos gestos, *foi inventada uma família*, o que é o mais importante... (CARVALHO, 2002, p. 92-93, grifos nossos).

Também para o ator Selton Mello,

> [...] a experiência na fazenda foi única de se conhecer melhor, um mergulho radical [...] Foi uma aventura espiritual, eu acho, fazer esse filme [...] Foi mais que fazer um filme, foi um acontecimento, um caso muito especial [...] Todos foram mudando *até que a gente ficou a cara da família* (Filme *Lavoura Arcaica*, depoimento no *making-of*, grifos nossos).

O ator Raul Cortez, por sua vez, diz que em sua juventude, nos tempos da contracultura, nunca quis viver em comunidade, achava a ideia impensável. Depois da filmagem, porém, surpreendeu-se ao perceber que afinal tinha vivido em comunidade durante quatro meses, e em meio a um alto nível de respeito entre todos: "Nenhum atrito, afinidades aceitas, não afinidades respeitadas" (Filme *Lavoura Arcaica*, depoimento no *making-of*).

A estudiosa Ivana Bentes destaca que, no momento em que a equipe se isolou para trabalhar o texto com tal densidade, produziu "uma possessão, um processo da equipe inteira, um processo criativo" (citada por CARVALHO, 2002, p. 119). E nessa "necessidade de criação de todos", houve uma liberdade de improvisação, um cenário de fabulação: foi como se se colocassem todos numa mesma sintonia com o texto para ir além da decoreba. O diretor reforça essa ideia dizendo que

> Era preciso alçar os enunciados das palavras, colocar todo mundo em contato com aquelas verdades do texto. E como é que eu vou colocar todo mundo lá? Eu tinha que provocar acontecimentos... era como se não houvesse diferenças entre nós, qualquer particularidade.[...] Não poderia haver o melhor nem o pior; nem o seguro sem o inseguro; nem o bonito nem o feio, pois todos constituíamos o um, a unidade, *a família* (CARVALHO, 2002, p. 120, grifo nosso).

A simples exploração desse processo que os bastidores do filme nos permitem ver, envolvendo a criação de uma "família" fraternal e igualitária, alternativa ao modelo patriarcal autoritário que explode na tela em *Lavoura Arcaica*, já seria, a nosso ver, uma bela possibilidade de trabalho educativo em torno do tema da família. Observamos que o processo de criação do filme intui uma compreensão de família em sentido bastante amplo, já que, como diz o diretor de fotografia no *making-of*, "a gente mexeu com os ancestrais".

### *O método de criação: ressonâncias Raduan/Artaud*

O diretor precisava de um método para lidar com a densidade poética e trágica do texto de Raduan Nassar. Ele conta que buscou apoio em Antonin Artaud e em suas ideias sobre o processo criativo no teatro, em especial a noção do duplo, que enquanto expressa também sente, algo muito diverso da simples interpretação. Era preciso buscar a experiência do mundo, do tempo e das paixões que assolavam o romance. E, diz ele, citando o poeta Jorge de Lima: "Como conhecer as coisas senão sendo-as?". Era preciso "que todos sentissem na carne, pela experiência" (filme *Lavoura Arcaica*, depoimento no *making-of*), daí o retiro dos atores para a fazenda no interior mineiro, onde, além das rotinas da vida camponesa, foi possível uma imersão profunda nas camadas de sentido do texto original.

O apoio metodológico que o diretor buscou em Artaud revela grande coerência, até porque uma leitura do teórico francês no contexto de uma reflexão sobre o livro de Raduan Nassar evidencia múltiplas ressonâncias, ecos, paralelos entre as inquietações éticas e estéticas de um e de outro. A escolha do método não foi portanto aleatória, e sim fruto dos laços de afinidade entre a obra de três criadores, um na literatura, outro no teatro e outro no cinema.

Um exemplo são as palavras de Artaud, a seguir, a respeito da personagem de uma peça teatral[4] cujo tema é também a radicalidade de um amor incestuoso, que bem poderiam ter sido escritas por Raduan Nassar em *Lavoura Arcaica*: "Vocês querem, ele parece dizer, a pele de meu amor, pois sou eu quem lhes jogará esse amor na cara, sou eu quem os aspergirá com o sangue desse amor a cuja altura vocês são incapazes de se elevar" (ARTAUD, 2006, p. 26). Aí estão, em Artaud, a vitalidade e as metáforas erótico-religiosas também presentes na poesia de *Lavoura Arcaica*.

Artaud reivindica a substituição da poesia da linguagem por uma poesia do espaço, para além das palavras, "capaz de criar imagens

---

[4] *Annabela*, de Ford.

materiais equivalentes às imagens das palavras" (ARTAUD, 2006, p. 37), valendo-se para isso de "todos os meios de expressão utilizáveis em cena, como música, dança, artes plásticas, pantomima, mímica, gesticulação, entonações, arquitetura, iluminação, cenário. Cada um desses meios tem uma poesia própria, intrínseca" (ARTAUD, 2006, p. 38).

Essa mesma busca de uma integralidade poética na experiência escancara-se no trabalho de Carvalho, que envolveu a equipe, no retiro de preparação na fazenda, em oficinas de leitura literária, de espiritualidade, de ioga (com ninguém menos que os grandes mestres Leonardo Boff e Hermógenes), de dança, etc. A preocupação poética com o espaço fica evidente também no trabalho da diretora de arte Yurika Yamazaki, que criou o cenário a partir de uma antiga fazenda de café abandonada, muito mais por meio de uma arquitetura do que simples cenografia, como ela explica no documentário. Ela buscou trazer à cena objetos domésticos com densidade, "coisas que marcassem a família", inspirando-se também em lembranças de sua própria infância na fazenda da avó, como a brincadeira de pular na palha que acabou sugerindo imagens tão expressivas ao filme.

As ideias de Artaud parecem ajudar a orientar todos os detalhes da criação poética das cenas, mesmo as mais materiais. Ele diz, por exemplo, sobre as roupas: "deve-se procurar evitar o mais possível a roupa moderna [... ] certas roupas milenares, de uso ritual, [...] conservam uma beleza e uma aparência reveladoras, em virtude da proximidade que mantêm com as tradições que lhes deram origem" (ARTAUD, 2006, p. 110). Nessa mesma linha, a figurinista do filme, Beth Filipecki, lembra que no tempo e lugar em que se passa a ação "tudo o que era feito tinha a mão da mãe". Por isso ela conta que buscou "o tecido com cara de mãe, com cara de pai", a inspiração nos arquétipos da mãe, do pai, do filho pródigo. "O branco, o algodão grosso, a cambraia – aquilo a gente procurou avidamente" (filme *Lavoura Arcaica*, depoimento no *making-of*). Esse exemplo, entre tantos, reforça a ideia de que o filme *Lavoura Arcaica* oferece uma oportunidade riquíssima de chamar a atenção dos estudantes para o laço orgânico – técnico e estético – entre as muitas dimensões do processo de criação de um filme e o resultado manifesto na tela. Não se alcança a poesia desejada se cada etapa do processo não estiver marcada por um sentido poético.

Assim, é também poética a busca técnica empreendida pelo diretor de fotografia Walter Carvalho, para encontrar a luz adequada ao filme. Para ele, o "cinema é o espaço sagrado", algo vivo que se projeta num quadro, "é processo de revelar a verdade que cada um tem" (Filme *Lavoura Arcaica*, depoimento no *making-of*). Ele se lembra de um poema em que o polonês Zbigniew Herbert diz que estamos condenados a não saber a essência do interior de um objeto, pois, mesmo quando o partimos ao meio, já teremos dois objetos. Para ele, isso é de uma beleza poética extraordinária, e seu trabalho com a luz no filme foi o de captar e revelar a verdade das coisas por dentro e por fora.

Para Artaud, o trabalho teatral possui uma dimensão espiritual, ritual e mística, na qual, como no teatro balinês, o diretor "é uma espécie de ordenador mágico, um mestre de cerimônias sagradas" (ARTAUD, 2006, p. 63). Poderia ser descrita assim a proposta do retiro feita por Luiz Fernando Carvalho à equipe, do mergulho vivencial no tempo outro da fazenda, em meio a ritmos outros, e com a presença estimulante de diversos sábios da espiritualidade e da arte a reger os diferentes momentos de ritual e estudo. O próprio Luíz Fernando Carvalho descreve assim seu papel de diretor de cinema: "Primeiro você provoca o acontecimento, você faz a alquimia teatral toda, a alquimia da vida, mistura os atores, mistura a luz, mistura tudo e depois você bota a lente" (CARVALHO, 2002, p. 55).

Foi uma experiência absoluta, intensa, dizem os depoimentos dos artistas. Uma experiência que confirma o pensamento do diretor sobre o cinema e a vida: "O cinema, como qualquer obra de arte, quer mesmo é discutir a vida. O que me interessa, do primeiro ao último passo, não é coisa alguma, mas, sim, tocar na vida" (CARVALHO, 2002, p. 40). E ainda: "O filme só faz sentido se reencontrar a vida, era preciso reencontrar a vida, era essa a questão principal no momento das filmagens. As imagens deveriam surgir de dentro, a narrativa é de dentro pra fora." (CARVALHO, 2002, p. 63).

Escutamos também aí ecos de Artaud, para quem a questão do teatro é "romper a linguagem para tocar na vida", não "a vida reconhecida pelo exterior dos fatos, mas [essa] espécie de centro frágil e turbulento que as formas não alcançam" (ARTAUD, 2006, p. 8). Um tal teatro não busca a representação, mas sim a abstração, a concretização cristalizada de um abstrato, por meio da alusão, por exemplo, a "gritos das entranhas, os olhos que reviram, a abstração contínua, os ruídos de galhos, os ruídos de cortar madeira..." (p. 68). Os depoimentos dos atores no *making-of* do filme confirmam uma orientação semelhante. Para o ator Selton Mello, o desafio era não representar seu personagem André: era "buscar o simples, a coisa mais pura [...] André não é uma figura grotesca, é poeta, um anjo caído, é uma figura bonita. A coisa mais difícil é descrever esse personagem, ele é musgo, é parte daquilo tudo. [...] A gente não representava, a gente era" (filme *Lavoura Arcaica*, depoimento no *making-of*).

Uma ideia de Artaud pode iluminar também um desafio central do filme: como tratar a linguagem literária do livro sem rebaixá-la ou empobrecê-la. Diz Artaud: "Não se trata de suprimir o discurso articulado, mas de *dar às palavras mais ou menos a importância que elas têm nos sonhos*" (ARTAUD, 2006, p. 107, grifo nosso). O diretor Luiz Fernando Carvalho gravou ele mesmo uma leitura dos trechos narrativos do livro, cujo efeito é o de um distanciamento onírico, uma íntima recitação, sussurrada e monocórdica como uma oração, em que o que brilha são as palavras. Isso sem dúvida colabora para a impressão do diretor Fernando Solanas sobre o filme, de que "a sensação é a de estarmos diante de um grande poema, um oratório coral sinfônico... um grande oratório, um grande *playback* onde está o narrador, o solista" (filme *Lavoura Arcaica*, documentário/extras).

## Na tela: pesquisa poética e linguagem cinematográfica

Como o jogo de luzes, os planos e movimentos de câmera, a construção da montagem e a música impulsionaram a criação das poderosas imagens do filme?

Nesse poema fílmico, Luiz Fernando Carvalho oferece algumas chaves de sua leitura de *Lavoura Arcaica*. A escolha dos atores, o uso do próprio livro como roteiro de filmagem, a montagem como acesso às entrelinhas, o tempo do preparo, a improvisação, o rigor das cenas e a forma como buscou dar invisibilidade ao aparato técnico em uma gramática fílmica são alguns aspectos que nos ajudam a desvelar certos mistérios de sua obra.

O diretor se perguntava sobre que linguagem usar e responde dizendo que "linguagem é necessidade" (CARVALHO, 2002, p. 88) e, sendo fruto de uma necessidade, ela não espelha a vida, mas vai além.

A linguagem cinematográfica é uma criação que pretende tornar "invisível o aparato técnico de captação das imagens" e para o autor isso significa "encontrar uma alma para a imagem" (Carvalho, 2002, p. 104).

E é com palavras e imagens que na linguagem fílmica o narrador conta a própria tragédia, permeada por lembranças dos acontecimentos, luzes e ambientes da infância, imagens da mãe e conversas do pai. Mas nessa narração há um distanciamento entre ele como narrador e como protagonista. Quando narra (com a voz do diretor), parece ter uma visão mais condescendente e reconciliada dos acontecimentos e, quando protagoniza, apenas vive a intensidade do que lhe acontece. Essa divisão aparente do personagem entre um narrador distante e reflexivo e um protagonista revoltado e contundente foi resolvida com o recurso à narração em *off* e ao jogo de enquadramentos, movimentos de câmera, luz e sombras como metáfora de um olhar que ao mesmo tempo esconde e revela. O ponto de vista do narrador reafirma o duplo papel do protagonista, que observa e é observado.

No relato fílmico, a delicadeza das imagens de uma infância luminosa e aconchegante se contrapõe aos escuros sermões do pai junto à mesa com a família reunida. Por vezes, os enquadramentos distorcidos e intencionalmente fora de foco remetem a um estado alterado de embriaguez do personagem, com primeiros planos do protagonista na penumbra de sua alma, insinuando a dualidade anjo/demônio e a tensão entre agressividade/delicadeza.

O filme nos coloca no lugar do protagonista, nos empresta a visão de mundo de André, e assim acompanhamos seu fluxo de consciência. E para o diretor essa estratégia de colocar o espectador no lugar da personagem foi auxiliada pelo "uso da câmera como uma caneta ou um olho", que em vez de descrever ou mostrar as situações revela-as por meio do estado emocional do personagem. Nesses movimentos da emoção entre o dentro e o fora e o claro e o escuro, o diretor constrói uma narrativa que traduz "esses deslocamentos, não só de luz, mas dos estados da alma" (Carvalho, 2002, p.106)

Nesse jogo de revelação, a iluminação e as distorções de imagem atuam na construção das impressões, sugerindo e deixando subentendidas as sensações sem descrevê-las, "sem ficar explicando didaticamente tudo através de uma gramática óbvia, simplificadora, incapaz de criar um diálogo com a imaginação do espectador" (Carvalho, 2002, p. 49).

Nessas paisagens interiores, o diretor busca uma linguagem que mostre pela revelação, e não pela descrição.

> É como se o próprio filme oferecesse o lugar do personagem ao espectador, assim como numa leitura de um livro, o leitor sendo capaz de vestir a máscara do personagem imaginando-se ali. [...] como quem joga uma pergunta no ar: "Como você estaria se estivesse ali, passando por aquela travessia?" Tentei levar a câmera e a montagem por esse caminho. [...] A linguagem, a meu ver, tem que ser algo invisível, pertencer ao mistério, ao jogo sensório" (CARVALHO, 2002, p. 37-38).

Os comentários do diretor sobre a experiência estética que propôs ao espectador podem ser muito úteis para uma reflexão sobre a relação entre o cinema, a memória e a imaginação num contexto pedagógico:

> *Lavoura* é uma história tecida pelas diferenças, pelos contrastes humanos. Eles estão colocados nos espaços da pensão, e, a partir do momento em que o tempo passa, durante a noite, o valor do preto contaminaria ainda mais aquele espaço, é quase uma metáfora da escuridão em que o personagem se encontra, como se aquela escuridão na qual o espectador é lançado representasse o mundo interior do personagem, como se eu forçasse o espectador, através da experiência da sala escura, experimentasse também, ali, a solidão do outro, a escuridão de André. Ou seja, eu desapareço com a imagem para privilegiar a imaginação do espectador, aquela que ele traz de si mesmo enquanto memória. A memória não é mais uma reminiscência, que também implicaria um sentido de distância, mas uma atualização, um filme (CARVALHO, 2002, p. 102).

E essa busca de envolvimento sensorial por meio da linguagem cinematográfica revela a poética que também está no método e na forma como o diretor buscou fugir dos clichês ligados à cultura mediterrânea. Está nos elementos do figurino, da culinária, música, dança e até nas características físicas das personagens, de forma a criar uma atmosfera em que a cultura fosse perceptível e invisível ao mesmo tempo. Assim, o que poderia ser definido de forma evidente, transforma-se em sutileza e nuances que emolduram situações e alegorias no filme. "Transformar o visível em invisível [...] simplesmente sentir" (CARVALHO, 2002, p. 36).

E nesses fragmentos da linguagem cinematográfica as chaves de leitura do diretor certamente abrem outros olhares para a família na tela.

## Na tela: a família

Seria redutor sugerir formas didáticas que fixassem e enquadrassem os temas ligados à família presentes em um filme como *Lavoura Arcaica,* tão potencializador de diferentes leituras. Ainda assim, para nos colocarmos ao lado dos educadores que se aproximarem da obra no contexto de uma pedagogia do olhar, faremos menção a alguns dos temas do filme que nos parecem mais pregnantes com relação à família, com apoio em passagens expressivas dos dois autores: o do livro, Raduan Nassar, e o do filme, Luiz Fernando Carvalho. Ler e reler o livro, ver e rever o filme, deixarmo-nos tocar por sua arte seriam os caminhos a seguir para que a radicalidade de sua crítica à família patriarcal possa operar em nós, espectadores, os mistérios de uma convocação que além de poética é também política.

A sensualidade reprimida do jovem em solidão:

> *"Na modorra das tardes vadias na fazenda, era num sítio lá do bosque que **eu escapava aos olhos apreensivos da família**; amainava a febre dos meus pés na terra úmida, cobria meu corpo de folhas"* (NASSAR, 1997, p. 13).

A severidade da tradição impondo os ritmos cotidianos:

> *"O amor, a união e o trabalho de todos nós junto ao pai era uma mensagem de **pureza austera** guardada em nossos santuários, comungada solenemente em cada dia, fazendo o nosso desjejum matinal e o nosso livro crepuscular"* (NASSAR, 1997, p. 22).

A compaixão pela mãe, sua solidão:

> *"[...] e pude vê-la sentada na cadeira de balanço, **absolutamente só** e perdida nos seus devaneios cinzentos, destecendo desde cedo **a renda trabalhada a vida inteira em torno do amor e da união da família**, e vendo o pente de cabeça em sua majestosa simplicidade no apanhado do seu coque eu senti num momento que ele valia por um livro de história..."* (NASSAR, 1997, p. 38-39).

A paixão proibida:

> *"Todos eles batiam palmas reforçando o novo ritmo, e não tardava Ana, impaciente, impetuosa, o corpo de campônia, a flor vermelha feito um coalho de sangue prendendo de lado os cabelos negros e soltos, **essa minha irmã que, como eu, mais que qualquer outro em casa, trazia a peste no corpo**"* (NASSAR, 1997, p. 30).

A lei indiscutível no sermão do pai:

> "Cultivada com zelo pelos nossos ancestrais, a paciência **há de ser a primeira lei desta casa, a viga austera que faz o suporte das nossas esperas**, por isso é que digo que não há lugar para a blasfêmia em nossa casa. [...] **O amor na família é a suprema forma da paciência**; o pai e a mãe, os pais e os filhos, o irmão e a irmã: **na união da família está o acabamento de nossos princípios**" (NASSAR, 1997, p. 61).

O impulso da independência do filho:

> "[...] eu disse, cegado por tanta luz, tenho dezessete anos e minha saúde é perfeita e sobre esta pedra fundarei minha igreja particular, a igreja para meu uso, a igreja que frequentarei de pés descalços e corpo desnudo, despido como vim ao mundo, e muita coisa estava acontecendo comigo, pois **me senti num momento profeta da minha própria história**, não aquele que alça os olhos por alto, antes o profeta que tomba o olhar com segurança sobre os frutos da terra..." (NASSAR, 1997, p. 89).

A revolta contra o peso da opressão familiar:

> "[...] quantas mulheres, quantos varões, quantos ancestrais, quanta peste acumulada, que caldo mais grosso neste fruto da família! Eu tinha simplesmente forjado o punho, erguido a mão e decretado a hora: **a impaciência também tem os seus direitos!**" (NASSAR, 1997, p. 90).

A lei do pai escutada ao revés pelo filho:

> "Foi um milagre o que aconteceu entre nós, querida irmã, o mesmo tronco, o mesmo teto, nenhuma traição, nenhuma deslealdade, e certeza supérflua e tão fundamental de um contar sempre com o outro no instante de alegria e nas horas de adversidade; foi um milagre, querida irmã, descobrirmos que somos tão conformes em nossos corpos, e que vamos com nossa união continuar a infância comum, sem mágoas para os nossos brinquedos, sem corte em nossas memórias, sem trauma para nossa história; foi um milagre descobrirmos acima de tudo que nos bastamos dentro dos limites da nossa própria casa, **confirmando a palavra do pai de que a felicidade só pode ser encontrada no seio da família**" (NASSAR, 1997, p. 120).

A dificuldade do diálogo: a impossibilidade da compreensão:

"– Faça um esforço, **meu filho, seja mais claro**, não dissimule, não esconda nada do teu pai, meu coração está apertado também de ver tanta confusão na tua cabeça. Para que as pessoas se entendam, é preciso que ponham ordem em suas ideias. Palavra com palavra, meu filho.

– Toda ordem traz uma semente de desordem, **a clareza, uma semente de obscuridade**, não é por outro motivo que falo como falo" (Nassar, 1997, p. 160).

A ânsia por deixar a família (na voz do irmão menor):

"Só foi você partir, André, e eu já vivia empoleirado lá na porteira, sonhando com estradas, esticando os olhos até onde podia, era só na tua aventura que eu pensava...Quero conhecer muitas cidades, quero correr todo este mundo [...] ser generoso com meu próprio corpo, ter emoções que nunca tive; [...] quero viver isso tudo, André, **vou sair de casa para abraçar o mundo**, vou partir para nunca mais voltar, não vou ceder a nenhum apelo, tenho coragem, André, não vou falhar como você..." (Nassar, 1997, p. 181).

O tempo e suas obras

"A terra, o trigo, o pão, a mesa, a família(a terra); existe neste ciclo, dizia nosso pai nos seus sermões, amor, trabalho, tempo" (Nassar, 1997, p. 183).

"[...] O tempo, o tempo, **o tempo e suas águas inflamáveis**, esse rio largo que não cansa de correr, lento e sinuoso, ele próprio conhecendo seus caminhos, recolhendo e filtrando de vária direção o caldo turvo dos afluentes e o sangue ruivo de outros canais para com eles construir a razão mística da história, sempre tolerante [...]" (Nassar, 1997, p. 184).

A cólera do pai, "ferido em seus preceitos":

"O alfange estava ao alcance de sua mão, e, fendendo o grupo com a rajada de sua ira, meu pai atingiu com um só golpe a dançarina oriental. [...] era o próprio patriarca, ferido nos seus preceitos, que fora possuído da cólera divina (pobre pai!), era o guia, era a tábua solene, era a lei que se incendiava" (Nassar, 1997, p. 192-193).

No encontro com essas passagens do autor na tela, o olhar do diretor:

> A tensão entre tradição e liberdade:
> "A moral daquela fábula quem está regendo é o pai, é ele o ilusionista. E sempre também entendi a figura paterna através do seu grande carisma, da sua figura de bispo na cabeceira, de púlpito, como sendo o grande semeador. *E essa é a verdadeira lavoura da qual o livro e o filme tratam, a lavoura das palavras, das leis e seu potencial de exclusão, da eterna luta entre a tradição e a liberdade; ou se quiserem, da linguagem em si, linguagem como elemento constitutivo*" (CARVALHO, 2002, p. 47).
>
> **A tensão entre opressão e exclusão:**
> "*E o pai foi tomado pelo impulso das paixões*, pela ironia do destino, a lei se incendiou. Ninguém ainda admitiu uma leitura do texto a partir da relação entre opressores e excluídos. O que está sendo jogado sobre a mesa, nas palavras do Pai e do filho, transcendem uma mera discussão familiar, alcançam outros enunciados. Eu acredito que ali está embutida uma discussão que seria interessante ser levantada, que e a questão da perspectiva histórica, não é? *Você nunca pode decretar 'É isto'*" (CARVALHO, 2002, p. 113).

## Por dentro do avesso

É impossível conhecer um objeto por dentro –, como diz o fotógrafo de *Lavoura Arcaica* – pois, mesmo quando o partimos ao meio, ele já terá virado outra coisa. Mais impossível ainda quando o objeto que queremos conhecer é um filme como esse, cuja arte coloca o espectador em um estado de experiência, na própria pele, dos mistérios da condição humana.

Veio daí nossa proposta de explorar o filme pelo avesso: pela pesquisa do que sua equipe de criação disse a respeito do processo filosófico e estético vivido por todos os artistas ao fazer *Lavoura Arcaica*. Alguns dos enigmas da obra vão aos poucos sendo decifrados, ou pelo menos iluminados, com a mediação desses outros olhares. Uma das pistas sugeridas para potencializar a experiência do filme – a metodologia teatral de Antonin Artaud – mostrou-se enriquecedora e fica como exemplo de muitas das outras pistas teórico-metodológicas que poderíamos ter seguido, e que o *making-of* do filme sugere: a poesia de Jorge de Lima, a compreensão do tempo em Heidegger mencionada por Leonardo Boff, o estudo dos arquétipos e da mitologia a partir de Carl Gustav Jung e Mircea Eliade, o tema da mestiçagem cultural brasileira em que se encontram o mediterrâneo, o Líbano, o Brasil. São caminhos pedagogicamente pertinentes e possíveis.

Em síntese, lembramos a importância, em um projeto de pedagogia do olhar, de que busquemos escutar os criadores da obra cinematográfica com que estamos lidando. Não porque a palavra deles seja definitiva sobre o objeto que criaram, mas, ao contrário, porque ela pode abrir frestas que iluminem de novos lados o objeto que nunca chegaremos a conhecer "por dentro".

## Referências

ARTAUD, Antonin. *O teatro e seu duplo*. São Paulo: Martins Fontes, 2006.

BOSCOV, Isabela. Luiz Fernando Carvalho conseguiu: transformou em filme o "infilmável" *Lavoura Arcaica*. *Veja On-line*, Seção Artes e Espetáculos – Cinema, ed. 1.723, 24 out. 2001. Disponível em: <http://veja.abril.com.br/241001/p_166.html>. Acesso em: 26 maio 2012.

CARVALHO, Luiz Fernando. *Sobre o filme Lavoura Arcaica*. Cotia: Ateliê Editorial, 2002.

MATTOS, Carlos. Apresentação. In: CARVALHO, Luiz Fernando. *Sobre o filme Lavoura Arcaica*. Cotia: Ateliê Editorial, 2002.

NASSAR, Raduan. *Lavoura arcaica*. 3. ed. São Paulo: Companhia das Letras, 1997.

RODRIGUEZ, Marina. Do papel à película: *Lavoura Arcaica* e sua versão cinematográfica. *Revista Cultura Crítica*, v. 17, n. 4 (cinema), 2º sem. 2006. Disponível em: <http://www.apropucsp.org.br/apropuc/index.php/revista-cultura-critica/17-edicao-nd-04/193-do-papel-a-pelicula-lavoura-arcaica-e-sua-versao-cinematografica>. Acesso em 26 maio 2012.

XAVIER, I. *O olhar e a cena*: melodrama, Hollywood, cinema novo, Nelson Rodrigues. São Paulo: Cosac Naify, 2003.

# *Lugar nenhum na África*: desafiando memórias e afetos

José de Sousa Miguel Lopes

A história de *Lugar nenhum na África*, aparentemente, é simples. Em traços rápidos, ela pode contar-se na meia dúzia de linhas que a seguir apresento.

Em 1938, pouco antes de estourar a Segunda Guerra Mundial, uma família judia de classe média foge da Alemanha e se instala no Quênia, na África. Lá o advogado judeu alemão Walter Redlich passa a trabalhar numa fazenda, enquanto sua mulher, Jettel, filha de uma família burguesa, tenta se adaptar à nova vida. Regina, a filha do casal, cresce e aprende a língua e os costumes locais, encontrando no cozinheiro Owuor um amigo. Quando a guerra está acabando, Walter recebe uma proposta para atuar como juiz em Frankfurt. Depois de tantos anos em que aprenderam a amar o novo país, Jettel e Regina começam a duvidar se voltarão para a Alemanha com Owuor.

Mas o leitor deve ser de imediato alertado para não se deixar iludir com a aparente simplicidade do retrato acabado de traçar.

*Lugar nenhum na África* conta duas histórias. A diretora examina as complicadas negociações do casamento de Walter, um advogado que, relegado para um campo de trabalho, perde a sua autoestima, e Jettel, uma mulher bonita que deliberadamente cultiva hábitos burgueses e tem dificuldade em deles se desvencilhar.

A trama em que esses personagens estarão enredados revelará os conflitos interiores dessa família no seu relacionamento com o entorno cultural em que passará a estar envolvida.

Nesse novo cenário, uma digressão interior será colocada em marcha, na qual desfilarão, de forma contraditória, sentimentos, angústias, medos, paixões, solidariedades. O filme é, principalmente, um mergulho ao mais íntimo dos personagens.

## A gramática cinematográfica em *Lugar nenhum na África*

A talentosa diretora alemã Caroline Link demonstra segurança invulgar ao trabalhar com atores profissionais, com crianças e com não atores, conseguindo, de todos eles, excelentes atuações. Os traços dos personagens são delineados com rigor e a história apresenta-se em constante movimento, atravessando várias épocas da vida dos personagens. Link também conta com a ajuda do ótimo roteiro, adaptado do romance autobiográfico de Stefanie Zweig. O seu olhar sensível possibilita ao espectador realizar múltiplas reflexões sobre uma temática que incorpora contornos históricos, antropológicos, sociais, psicológicos, linguísticos, educacionais...

*Lugar nenhum na África* cativa ora pelo enredo surpreendente, ora pelas belas atuações, ora pelas belíssimas paisagens. A decisão da diretora em gravar no Quênia, e não na África do Sul – o que tornaria as filmagens mais simples –, foi extremamente acertada. Deu autenticidade ao filme, especialmente em cenas de festejos típicos, como a cerimônia noturna em que cerca de 400 pokots, membros de uma das etnias nômades do país, dançam com vestes tradicionais e, de quebra, participam como extras em um dos filmes que melhor retrata o choque de culturas, quer elas ponham em confronto judeus e arianos, negros e brancos, colonizados e colonizadores. Aliás, a história tem seu ponto alto ao mostrar o conceito de "diferença", ou seja, a existência de diferentes culturas, tradições e etnias.

*Lugar nenhum na África,* vencedor do Oscar de filme estrangeiro de 2003, está, portanto, longe dessas visões preconceituosas, dando-nos um olhar da África não apenas na ótica do colonizador. Esse olhar sobre a África afasta-se das habituais fotos-safári produzidas à exaustão pelo mundo ocidental. Estamos perante uma fotografia irretocável, que capta com brilhantismo as belezas do continente africano. A envolvente trilha sonora coloca-nos em perfeita sintonia com a realidade cultural onde decorre a ação. A obra consegue combinar, de forma equilibrada e sem artificialismos, beleza, graciosidade e majestade.

É visível o modo como a diretora se apaixonou pelas paisagens africanas e suas cerimônias rituais. São elas que ajudaram a seduzir a protagonista (e, em parte, o espectador). É história concebida para nos falar sobre alguns desafios como o desenraizamento, os laços familiares e a oportunidade de começar uma nova vida sempre que isso se torne necessário. A forma como a história é contada possibilita que se ofereçam ao espectador fragmentos de uma vida, ou melhor, de várias vidas, únicas e irrepetíveis. O elenco merece ser destacado como um dos pontos fortes do filme, sobretudo, pela convicção com que Juliane Köhler incorpora o duplo papel de mãe e esposa que vivencia um perturbador processo de mudança.

## A África como palco: um novo olhar

Inúmeros filmes já tiveram a África como palco. Pode-se afirmar que dezenas de filmes tiveram a Segunda Guerra Mundial e o antissemitismo como mote. A junção desses temas já deu origem a visões preconceituosas da realidade. Nessa obra, as circunstâncias são outras, e são essas mesmas circunstâncias – a mudança para a África – que distinguem esse filme de muitos outros sobre o nazismo e suas consequências.

O título *Lugar nenhum na África* é, de fato, bastante apropriado. É mesmo de um deslugar que o filme trata. Mais que isso, aliás, é quase um antilugar o que o filme quer construir. Utópico em um sentido literal, ele parece querer produzir uma extensão geográfica do mito do bom selvagem, a construção de uma naturalidade idílica e positiva em si. Opõe duas topografias muito nitidamente: uma, distante, construída apenas na memória, em que toda sorte de desgraças e perseguições acontece a uma família, a Europa; outra, erguida diante dos olhos, em que se descortina uma vida rica em experiências e, sobretudo, redentora, para o mesmo marido e pai, a mesma mulher e mãe e a mesma filha, a África.

Mas o detalhe que mais chama a atenção nessa redenção é sua aparente paradoxalidade lógica: o filme opera para desconstruir a África como campo de sofrimento. Minuto a minuto, todos os pressupostos do olhar europeu sobre o continente negro caem por terra (e na terra): o espaço selvagem se torna o celeiro de uma diversidade natural quase (ou mesmo) bíblica; o manancial inesgotável de falta de recursos se converte em convite à transformação de um caráter sedentário em uma inquietude transformadora; o cruel país distante de habitantes não civilizados se transforma, por meio de um aprendizado digno de um Lévi-Strauss ou de Pierre Verger, na verdadeira forma da civilização. É assim que, no limite, todos deveríamos ser.

O filme, então, trata a África um pouco como o cinema brasileiro trata o Nordeste, como uma espécie de grande reserva moral. Para o europeu, aliás, pretenso pai da civilização (no sentido em que delegou a si a tarefa de dizer quem é civilizado ou não), é a reserva moral universal. Daí o uso do mecanismo do bom selvagem: nele está a essencialidade do bem, daquilo que, no fundo, todo europeu é, mas é impedido de manifestar pelas agruras da vida real. Na Europa, não se pode ser europeu. Na África, pode-se se descobrir filho da Europa. Não se trata, no filme, de se enxergar, no fundo, africano. Em vez disso, trata-se de, na África, redimir-se do quanto a Europa (e o mundo ocidental, branco e burguês) se desmente a si mesma.

## Uma família na África:
## a jornada interior em novo cenário cultural

O filme é aberto com uma bonita tomada panorâmica de uma criança andando de bicicleta nas vastas e estéreis terras do Quênia, tomada que é interrompida por uma cena em que um homem, Walter Redlich, está suando profusamente e tiritando de febre.

Recordemos: o ano é 1938. Em Frankfurt, a família judaica Redlich ainda mora no luxo, mas é claro que estes são tempos difíceis para os judeus. Walter sai de seu país natal, a Alemanha – que vive a perturbação provocada pela sequência de eventos que conduzem à ascensão de Hitler ao poder e, finalmente, à eclosão da Segunda Guerra Mundial –, e procura refúgio na África. Ele age dentro da legalidade e, afinal, não precisa se preocupar muito – ele é judeu e alemão.

Para Jettel e Regina, o único problema até agora reside no fato de que alguns vizinhos deixaram de lhes falar em virtude da ausência de Walter Redlich, seu marido e pai que foi para o exterior. Uma carta convida-a a rapidamente se encontrar com ele no Quênia.

Walter, talvez com algum exagero, acha que são sérias as ameaças nazistas contra os judeus e procura uma solução drástica. Ele, que era um advogado em Frankfurt, tornou-se um pequeno agricultor na distante África.

Jettel e a filha Regina preparam-se, então, para deixar o país para se juntarem a ele, deixando para trás um modo de vida bastante confortável. Suas afetuosas famílias decidem permanecer no país por não compartilharem do ponto de vista de Walter.

O pai de Walter diz a Jettel, antes de ela viajar para África, "Há sempre alguém que ama mais. E aquele que ama mais é também mais vulnerável". Ninguém tem a certeza sobre qual dos dois é o mais vulnerável – eles parecem trocar papéis.

No começo, Jettel odeia a África com uma intensidade que ela reserva talvez somente para os nazis, enquanto Walter demonstra uma inexplicável atração pelo continente. Por outro lado, ela sente-se exilada na África, enquanto Walter se adapta mais rapidamente.

Mas, à medida que o tempo passa, Walter não consegue desembaraçar-se da nostalgia de sua Alemanha deixada para trás, e essa tortura é mais dolorosa e perturbadora do que qualquer outra dificuldade. Nem a confirmação de que o restante de sua família foi exterminado pelos nazistas é argumento suficiente para que Walter abandone o desejo de regressar à sua pátria.

Não somente sua atitude para com o país anfitrião dá uma volta de 180 graus, como seu próprio relacionamento, que parece intenso no início, começa a decair, alterando o comportamento e a ideologia. Em um ponto, contudo, parecem estar em sintonia: através de manifestações amorosas, típicas de adolescentes.

A extraordinária mudança provoca reações diferentes na família. A filha parece tentar entender, munida de toda a curiosidade infantil, o que é aquele lugar e acaba até por encontrar um amigo, Owuor. Já a mãe não se conforma, sente medo, chora. O pai quer vê-las felizes. E é nessa relação familiar, em meio a animais e tambores africanos, que boa parte do filme se concentra. Jettel precisa aprender a lidar com a ideia de que a situação de seu país se agravava a tal ponto que um possível retorno estava cada vez mais distante. E aprender a lidar com sua nova realidade, seu novo papel dentro daquela cultura e, principalmente, dentro da própria família.

Quando a guerra finalmente acaba, Walter retorna à fazenda. Em 1946, ele se candidata a uma vaga de juiz na nova Alemanha. Quando seu nome é aprovado, Jettel, agora totalmente adaptada à nova vida, nega-se em princípio a acompanhar o marido em sua volta à Europa. Jettel está aprendendo a amar o Quênia, no que parece ser uma reconciliação com o seu novo destino. Entretanto, pouco tempo antes do embarque, ela reconsidera sua posição, principalmente pelo fato de estar grávida.

A força dos laços familiares emerge em toda a sua dimensão. Restabelecem-se os elos que se estavam deteriorando. Walter, Jettel e Regina configuram-se como uma família porque entre eles se foi instaurando uma relação de plena reciprocidade entre os sexos e entre as gerações. Essas características qualificam essa família (qualquer família, aliás) como complexo simbólico importante. Não é por acaso que, quando alguém quer dizer que venceu a estranheza na relação com um ambiente ou com uma pessoa, diz que se tornou "familiar". O complexo simbólico da família é o primeiro ponto de apoio, o primeiro cimento da sociedade. Demonstra-o o fato de que a família é importante também quando seus membros estão, ainda que temporariamente, geograficamente afastados. Por momentos é o que acontece entre Walter, Jettel e Regina. A família, nesses casos, continua presente como realidade simbólica que determina o vivido psíquico e o sentido existencial das pessoas. Essa família se revela como relação simbólica e estrutural que liga Walter, Jettel e Regina num projeto de vida, que entrelaça uma dimensão horizontal (a do casal) e uma dimensão vertical (a descendência em Regina), que supõe a geração de filhos.

A família, por ser o lugar da primeira socialização e por desempenhar funções socialmente importantes junto aos seus membros, constitui um ponto nevrálgico com relação a um amplo conjunto de necessidades. Com efeito, quando essa família se encontra em situação de fragilidade, por conta de se encontrarem mergulhadas em uma nova realidade cultural, os problemas enfrentados tendem a agravar-se. Pelo contrário, à medida que Walter, Jettel e Regina conseguem interagir nas novas circunstâncias socioculturais, tais problemas podem ser amenizados e a família pode voltar a reconstruir seus laços.

Como referimos, a decisão de Walter de regressar a seu país fez emergir uma série de conflitos, especialmente entre Jettel e Regina, mas o amor vence e eles se tornam, de novo, uma família. Fortalecem os laços familiares quando os gafanhotos ameaçam arruinar a colheita e agem como uma família quando chega a hora de partir. Eles podem ter estado em *lugar nenhum na África*, mas redescobriram-se lá, com certeza.

## Transcendendo fronteiras através da amizade

Uma vez reunidos no Quênia, a vida dos Redlich na fazenda é contada através do olhar de Regina, na época uma criança de 5 anos. Através dela nos é revelada uma saborosa história, plena de autenticidade: a beleza da paisagem do Quênia; a simpatia dos africanos – mais particularmente Owuor, que rapidamente se torna muito amigo da garota –; os vizinhos ocidentais: o amável Susskind, amigo de seus pais, judeu como eles, cínico, mas leal; a pequena Inge, que seria a sua amiga alemã na África, e os britânicos.

A transição para outra cultura é mais fácil para Regina. A menina leva para a África um modo de ser que seus pais adultos não conseguem. A garota é maravilhosa – um gracioso "antílope" infantil, falando torrencialmente kiswahili, a língua local, explorando e transformando, descalça, a paisagem acompanhada do afetuoso Owuor, cozinheiro queniano da etnia masai e, praticamente, membro da família.

Embora tímida, Regina é quem primeiro se impregna da magia da África, continente misterioso, habitado por pessoas igualmente enigmáticas, cuja língua e costumes não demora a aprender, enquanto descobre em Owuor um bom amigo, um confidente, um africano com um coração de ouro e uma cabeça de sábio. Ele torna-se um segundo pai para Regina, joga com ela, ensina-lhe aspectos da cultura local, costumes e língua (que ela absorve ansiosamente) e lhe dá bons conselhos sempre que necessário, uma vez que Jettel, a mãe, nem sempre pode estar presente. Por outro lado, o casamento de seus pais, ameaçado pela ruptura e solidão, causa-lhe insegurança. Nesse quadro, Owour é a âncora para todos – ele pode ser discreto no filme, mas sua inquestionável afetividade e seu paciente amor são as únicas coisas que mantêm a todos, mental e emocionalmente, intactos.

Owuor é o único que desempenha papel secundário, mas, de fato, é um verdadeiro protagonista. Todas as tomadas têm a finalidade de ilustrar as recordações da menina. Assim, a história desenrola-se com sucessivas surpresas, e o espectador deseja saber o que vai acontecer a cada momento, como a filha vai lidar com a ruptura do casamento dos pais, como vai ser enfrentado o estatuto de estrangeiro em três dimensões: pretos/brancos, britânicos/alemães, judeus/cristãos. Encantamo-nos com a esfuziante alegria de Regina em seu novo país e com sua adaptação ao maravilhoso ambiente, sofremos com os fracassos e sofrimentos de Walter e Jettel na fazenda, com a bondade e simpatia de Owuor para com seus clientes brancos. Parece estarmos em presença de um filme diferente, feito de humanidade, de verdade e de memórias que vale a pena compartilhar.

Regina é, talvez, a que revela uma mais forte estabilidade de caráter – abraça as pessoas de forma esfuziante, considera a África a sua terra, fala a língua africana impecavelmente e consegue transcender as fronteiras de raça e cor com uma facilidade de que só uma criança é capaz.

Ela sofre um sutil racismo na escola (comentários como: "Os estudantes judeus passem para este lado, por favor? Então podemos rezar? É um hábito judeu falar de dinheiro o tempo todo?" surgem de tempos a tempos), mas isso não a perturba, por duas simples razões: ela é uma criança muito otimista e tem maturidade fora do comum para a sua idade.

Owuor e Regina se completam. E, de forma simbólica, revelam-nos como as coisas deveriam, supostamente, funcionar, no entrechoque de culturas distintas.

## Jettel: o foco central da narrativa

Embora a história seja contada do ponto de vista da filha, o foco é a mãe, Jettel, uma mulher ainda jovem que, contra todas as probabilidades, acaba se adaptando muito bem ao seu novo lugar. Não tem medo de um pouco de aventura e de novas sensações, algo delicado, tendo em conta que o relacionamento com seu marido não passa um bom momento.

Os planos iniciais de Jettel era ficar por pouco tempo naquela terra inóspita. Ela, inclusive, não quis desembrulhar sua valiosa louça. Apesar de alertada pelo marido e face a todos os indícios de que a perseguição aos judeus iria aumentar com a proximidade do início da guerra, Jettel procurava negar a realidade à sua volta. E o paradoxal da situação é que a visão dela em relação aos quenianos era idêntica à dos alemães face aos judeus. O olhar do preconceito emerge, pois ela considera sua cultura superior à local.

No novo cenário, Jettel não pode dispor de sua valiosa louça de cristal, das montanhas cobertas de gelo e das longas conversas com sua mãe e irmã, como tem de chamar lar a esse inferno em ebulição de povos negros, da água suja, do alimento intragável e de uma língua estranha. À frustração pela vida desagradável se juntam as constantes discussões com Walter. Seu casamento está em risco de ser abalado, a guerra estoura na Europa, e os três são enviados para um acampamento britânico, onde homens e mulheres são separados, mas vivem razoavelmente. Resignada com a situação, Jettel fica esperançosa com a promessa feita por um atencioso coronel que lhes diz que pode fazê-los regressar e consegue um trabalho para Walter para que a família possa, assim, estar junta.

Os grandes acontecimentos de sua vida, que passam diante da câmera, são tratados sem estridência, e tudo o que ocorreu de bom ou mau é lembrado com carinho pela jovem protagonista: as relações tempestuosas entre os pais – a Jettel foi particularmente difícil adaptar-se à nova situação –, que passam um longo período à beira da ruptura e a infidelidade, as cartas da Alemanha comunicando o triste destino dos pais de Jettel, um incêndio que devastou a fazenda, a praga dos gafanhotos, uma cerimônia ritual, o envio de toda a família para um campo de prisioneiros britânico, o início da guerra...

Há um momento maravilhoso quando as mulheres alemãs, que experimentam duras vivências em suas fazendas, são reassentadas em um hotel de luxo em Nairobi. "Mama", diz a alegre Regina, correndo no relvado por entre os funcionários, "esta é a prisão mais bonita".

Todos esses acontecimentos são narrados com um ritmo lento e agradável, talvez idealizado pela memória, acompanhados por um leve mas persistente acompanhamento de tambores.

Ao longo da narrativa – que se estende até o final da guerra –, Jettel vê sua postura modificar-se por completo.

A metamorfose de Jettel parece quase inevitável – a vontade de não perder o modo de vida burguês (em uma cena ela pede a Walter para lhe trazer uma geladeira da Alemanha, mas acaba aceitando um vestido caro e inútil junto com alguma louça cara), os longos períodos de inacessibilidade a determinados bens de consumo mais sofisticados, a dura realidade de um país do Terceiro Mundo e uma preocupação constante para com os seres amados deixados para trás são sintomáticos de uma mudança gradual em seu interior. Sua paixão por Susskind (amigo de Walter e também judeu alemão que se refugiou na África), a atitude condescendente para com os africanos e um relacionamento cada vez mais volátil com Walter refletem seus próprios conflitos que a conduzem a essa mudança.

Por outro lado, Walter, que no início parece ter uma dupla personalidade, torna-se mais agressivo à medida que o tempo passa – o que talvez tenha contribuído para o adultério forçado de Jettel. O crescente distanciamento entre ele e todos ao seu redor pode, também, ter provocado a mudança. Quando Jettel discute com ele sobre seu desejo irracional de voltar a um país que não mais será o mesmo, ele retruca: "Eu tenho orgulho em ser um idealista, porque mostro que acredito na humanidade. Isso pode parecer ingenuidade, mas qualquer outra crença poderá conduzir à destruição. Este país salvou nossas vidas, mas não é o nosso país". Isso reflete sua crescente frustração com um país que considera um santuário, mas não seu lar.

A permanente obsessão para retornar à Alemanha desencadeará, em breve, o conflito latente entre os cônjuges.

## Considerações não tão finais assim

O filme constitui-se numa espantosa lição de humanidade e de respeito mútuo, evitando cair na tentação fácil de emoções gratuitas. Consegue simular, por exemplo, todo o infortúnio que pairou sobre os judeus na época mais sombria da história alemã, sem mostrar um único campo de concentração.

É uma bela reconstituição desse dilaceramento profundo vivido por essa família, da sua dificuldade de se integrar a uma nova cultura, que se encontra nos antípodas da sua, bem como da paciente, serena e por vezes tumultuada aceitação das diferenças.

Somos confrontados com uma comovente história épica e sentimental perpassada por paixão, coragem e humanidade. Com seu estilo sempre vigoroso e altamente sensível, Caroline Link examina intimamente o drama de quem tem de abandonar o céu protetor de uma acomodada existência europeia e se vê na condição de ter de enfrentar os grandes desafios que o futuro reserva.

*Lugar nenhum na África* fala-nos de inúmeras coisas – distanciamento do país de origem, crescimento, companheirismo, alienação, amor, sacrifício –, mas uma que merece destaque é a evolução das diferentes personalidades face às vicissitudes que se transformam em catalisadores de maturidade ou de deterioração de personalidade.

Se o lar é o lugar onde o coração está, o que acontece se você não sabe onde seu coração está? Ou o que acontece se o seu coração se apaixona por um novo lugar – ele o transforma, então, em lar? *Lugar nenhum na África* é, assim, uma viagem dos corações que têm como primeiro desafio o abandono de seus lares e, mais tarde, o enamoramento pelo novo lar adotado – um país estrangeiro de homens e mulheres seminus, com costumes místicos, línguas diferentes e conflitos pessoais...Um país no qual procuram refúgio, longe de sua terra natal, para que possam preservar seus bens mais valiosos – suas vidas. Um país que detestam inicialmente, mas pelo qual logo se apaixonam, como criança abandonada que encontra, inesperadamente, uma mãe amorosa e protetora.

O paradoxo cabe em se construir uma história de redenção baseada na fuga do sofrimento, e não no mergulho nele. Observar as cenas de *Lugar nenhum na África* é ver como o sofrimento pode se converter em bem (para a tese do filme). As situações desafiadoras pelas quais passa a família são marcadas por duas formas de sublimação emocional: primeiro, são de longe incomparáveis às atrocidades cometidas na Europa e, segundo, são mais formas de produção de "experiência de vida" do que de lembranças da morte, operação essencial da dor. Nem chuva, nem sol, nem traição do cônjuge, nem mesmo uma empedernida nuvem de gafanhotos conseguem aplacar a alegria de viver da família que se busca a si mesma.

Esse trabalho cinematográfico tem todas as condições para deixar satisfeito o mais exigente dos críticos. As abruptas cenas curtas podem parecer fora de lugar, mas adicionam também certo encanto ao filme. A última tomada, que nos mostra a mão de uma mulher africana "colada" em Jettel, é, no mínimo, surpreendentemente bela e criativa. Em uma cena rápida, retrata-se o vínculo formado ao longo de anos – uma ligação entre dois residentes de um país, um ali nascido e outro lá renascido.

O filme não garante que o espectador sinta empatia com os personagens, mas o faz perguntar como e por que as pessoas mudam, e de forma bastante enfática. É uma experiência única para todos aqueles que tiverem a oportunidade de vivenciar uma experiência semelhante, seja ela em uma terra chamada África, seja em qualquer outro lugar com uma cultura distinta daquela em que foram educados. É uma experiência simultaneamente conflituosa e fascinante, essa de lutar para encontrar o que se busca, aquilo em que se acredita. Isso alimenta nossa esperança, porque ela nos diz que a luta em si mesmo talvez seja o que menos importa, mas sim o sonho finalmente alcançado. Na realidade, essa é uma lição forte e que nunca se deve abandoná-la. Onde não houver sonho, não te demores...

# As invasões bárbaras

Pedro Silva
Ana Diogo

## Indivíduos e sociedade

Estamos perante um filme conduzido com maestria em que, através da interação de meia dúzia de indivíduos, são traçadas relações sociais que remetem para questões familiares e geracionais (em particular, intergeracionais), organizacionais e profissionais, de amor e de amizade, e é feito o retrato de uma época, polvilhado por referências históricas (donde resulta o título).

Por outras palavras, o realizador – o canadense Denys Arcand – de *As invasões bárbaras* teve engenho e arte suficientes para, através da plasticidade da linguagem cinematográfica, nos mostrar como os clássicos da sociologia tinham razão ao apontar para a relação dialética entre indivíduo e sociedade, relação esta formulada desde logo por Émile Durkheim, em 1895, nas suas famosas *Regras do método sociológico*, em que enuncia que a sociedade é composta por indivíduos, mas, ao mesmo tempo, constitui mais do que o seu mero somatório.

A tensão entre indivíduo e sociedade, ou entre liberdade e estabilidade, bem como a relação dos indivíduos com as instituições, questões centrais da Sociologia e particularmente delicadas nas sociedades contemporâneas, atravessam todo o filme, surgindo com equações sensivelmente diferentes em função das personagens e das gerações.

A trama do filme gira em torno de Rémy, um homem cinquentenário, enfermo e hospitalizado, e Sébastien, seu filho, com quem tinha relações frias e distantes. A aproximação começa a construir-se quando Sébastien é chamado pela mãe e se vai inteirando do estado moribundo de seu pai (um dado que não nos é fornecido de imediato). A partir daí começa a desenrolar-se a história, que nos vai introduzindo novas personagens e novas peripécias de um modo, em geral, divertido, mesmo quando lida com assuntos sérios, como a história, a droga, a morte ou a eutanásia...

## "O que lhe aconteceu aos 17 anos?"

Essa questão é formulada pelo sociólogo canadense Maurice Angers a propósito da sua discussão do conceito de geração. Segundo ele, na esteira de Karl Manheim, as experiências de juventude são bastante marcantes, embora o critério da idade não seja suficiente para definir esse conceito. Conforme o tipo de época e de sociedade, o gênero, a classe social e a pertença étnica, por exemplo, podem revelar-se igualmente importantes no acesso possível a determinado tipo de experiências. Assim, "a idade não é um critério concludente para circunscrever uma mesma geração. É preciso, sobretudo, termos vivido acontecimentos e experiências comuns durante a nossa juventude. É isso que cria o vínculo social indispensável" (ANGERS, 2008, p. 32-33).

Acontece que Rémy, o nosso personagem cinquentenário, nasceu em 1950, ou seja, tinha 17-18 anos em 1968, ano que pode ser considerado o auge dos chamados anos 60. E Rémy nos é apresentado precisamente pelo realizador como um representante dessa época num país ocidental como o Canadá.

Recordemos alguns aspectos que marcaram essa década:

- guerras de libertação e independência de muitas ex-colônias face às potências colonizadoras europeias e norte-americana (no caso da lusofonia, iniciou-se, em 1961, a "guerra colonial" na África, que influenciaria o advento do golpe militar, em 25 de abril de 1974, que conduziria a sociedade portuguesa à democracia e à posterior independência de Angola, Moçambique, Cabo Verde, Guiné-Bissau e São Tomé e Príncipe);

- guerrilhas de inspiração maoísta e guevarista na América Latina, quer no mundo rural, quer urbano;
- Primavera de Praga, uma tentativa de democratização da então Checoslováquia, membro do Pacto de Varsóvia, e que terminou com a invasão dos tanques soviéticos;
- Maio de 68, revolta inicialmente estudantil e depois também operária, que praticamente paralisou a França e teve influência noutros países (caso, por exemplo, da Itália);
- Movimentos antirracistas e a favor dos direitos humanos nos Estados Unidos, que viriam a juntar-se aos protestos contra a guerra do Vietnã e a fortes revoltas estudantis;
- movimentos de contracultura, incluindo novos grupos musicais, como os Beatles, o Pink Floyd, os Rolling Stones e outros;
- movimentos alternativos de vida, como o movimento hippie. Nalguns casos os novos costumes passaram pela liberalização do consumo da droga e das relações sexuais.

Rémy (e seus amigos) é apresentado como representante dessa geração, tal como Sébastien (e Gaelle, a namorada; Nathalie, a jovem drogada; e Sylvaine, a irmã) o é relativamente à geração a caminho dos 30 anos na primeira década do novo milênio, que surge descrita como uma geração desencantada e pragmática. Essas duas gerações vão lidar de forma muito diferente com a já referida tensão entre liberdade e estabilidade, sendo descritas de modo sugestivo por Rémy, quando diz que o seu filho é "um capitalista ambicioso e puritano" enquanto ele foi "um socialista voluptuoso".

## Famílias, gerações e afetos

Como vimos, Rémy, professor universitário de História, é símbolo da sua geração, nomeadamente adepto daquilo que ele próprio designa por "liberdade sexual", com episódios amorosos frequentes, incluindo com alunas suas. Como podemos observar pelo desenrolar da história, a sua família nunca constitui uma prioridade para ele. Privilegiava o seu próprio prazer acima de tudo, independentemente dos efeitos que poderia produzir nos outros, desde logo na mulher e nos filhos. Numa interpretação mais psicanalítica, poderíamos dizer que nele imperava o princípio do prazer sobre o da realidade. Voltando à equação entre liberdade e estabilidade, podemos notar que, em Rémy, o primeiro termo se encontra exacerbado. Essa busca da felicidade pessoal, típica dos indivíduos individualizados (SINGLY, 2003), em tensão com o bem-estar coletivo, havia já sido bastante bem retratada no filme *O declínio do império americano* (1986), do mesmo realizador, que descreve o mesmo grupo de amigos cerca de 15 anos antes, no auge das suas vidas.

O desenrolar da história mostra-nos uma relação que pode ser considerada difícil entre Rémy e a sua esposa (separada há 15 anos dele, mas mantendo um contato regular) e uma relação distante entre ele os seus dois filhos, Sébastien e Sylvaine. Logo no início do filme, Sébastien confessa à mãe que no verão anterior apenas tinha conseguido estar 15 minutos com o seu pai, após o que já não havia comunicação possível. Essa distância é tanto afetiva como física, pois Sébastien vive em Londres com a sua companheira e Sylvaine é tripulante de um veleiro, viajando, na altura, perto da Antártida, numa viagem aventureira e atribulada de que vão chegando ecos entrecortados através de vídeos que ela vai enviando. O diretor retrata-nos, assim, uma família que funcionou, no passado, como uma família nuclear, mas que se desmembrou, primeiro com a ruptura conjugal e, depois, com a saída dos filhos de casa.

Não obstante, Rémy é apresentado por Louise, ex-esposa e mãe de Sébastien e de Sylvaine, como um bom pai que cuidou do filho quando era pequeno, que não o abandonou quando esteve doente e que se preocupou com a sua escolaridade. Este argumento irá, aliás, convencer Sébastien a não voltar para Londres e a empenhar-se nos cuidados que prestará ao pai nos seus últimos dias.

A importância dos filhos na vida dos pais emergirá noutras passagens do filme, por exemplo, quando Pierre (amigo de Rémy) diz que a sua jovem esposa lhe deu duas filhas que mudaram a sua vida, ou quando é sugerido, através de um diálogo que Rémy estabelece com Nathalie (jovem drogada, filha de uma das ex-amantes do pai e ex-colega de turma, em criança, de Sébastien), que ter dois filhos bem-sucedidos pode conferir à sua vida o sentido que buscava para poder encarar a morte. Rémy diz que não deixou nada e que falhou tudo, ao que Nathalie responde que Sébastien não é propriamente um falhanço.

Estamos perante famílias que Basil Bernstein apelidaria de *pessoais* – em vez de posicionais, em que cada elemento vale por si próprio, pela sua individualidade, e não pela posição (homem/mulher; adulto/criança) que nela ocupa –, famílias constituídas ainda com base no amor e no livre consentimento, de acordo com a concepção de família que emerge em força no mundo industrializado do século XX, contrastando com as de outros contextos e épocas, em que as alianças matrimoniais e o interesse econômico, por exemplo, ditavam quem casava com quem, muitas vezes independentemente da vontade dos cônjuges. A Sociologia da Família tem dado conta deste e de outros fenômenos, assim como da pluralidade de tipos de família que tendem a pulular hoje (pese embora o predomínio ainda da família nuclear). Durkheim e Parsons, por exemplo, foram bastante contestados por associarem quase mecanicamente o modelo de família nuclear ou conjugal, assente no amor e no livre consentimento, ao advento da industrialização e de não repararem ainda – o que era bem mais claro no tempo de Parsons – que toda a união assente apenas naqueles dois fatores também é mais facilmente dissolúvel, dando origem a maiores taxas de separação e divórcio e de famílias reconstituídas, como se verifica, de fato, atualmente.

A Física mostra-nos como toda ação gera uma reação, o que se poderá aplicar até certo ponto – e sempre com os devidos cuidados! – ao mundo social. É sabido, por exemplo, como situações de separação dos pais podem influenciar atitudes em sentido oposto nos filhos, que passarão, assim, a valorizar mais a estabilidade do casal do que outros aspectos. É significativo, a esse respeito, o diálogo entre Gaelle e Rémy, quando a primeira afirma que se casará com Sébastien no verão, esperando ter filhos e nunca vir a separar-se dele. Rémy diz: "Espero que dure porque o amor...", ao que Gaelle responde de imediato que não quer que seus filhos venham a passar o que ela própria passou com a separação dos seus pais, colocando a estabilidade familiar acima da efemeridade do sentimento amoroso.

Denys Arcand apresenta-nos, assim, também uma visão desencantada das relações amorosas entre jovens enquanto relações livremente consentidas e frontais, mas nas quais o amor, existindo e sendo importante, não constitui necessariamente a "moeda de troca" exclusiva ou até prioritária. É uma outra equação entre liberdade e estabilidade que surge aqui. Gaelle não deixa de se apresentar como um indivíduo individualizado, que faz as suas escolhas, em vez de seguir uma norma social, escolhendo, contudo, a estabilidade. Ressalta também, das diferenças entre as duas gerações, a capacidade que os indivíduos têm de se distanciarem da herança disposicional transmitida pelos seus pais, processo essencial para que se produza mudança social. Sébastien diz, a esse propósito, que a sua vida não será como a do seu pai e que foi ele que fez a sua vida. De igual modo, Nathalie rejeita a culpabilidade da mãe para explicar a sua toxicodependência.

Ao tentar oferecer ao pai um final de vida o menos penoso possível, Sébastien vai desencantar antigos amigos deste (incluindo antigas amantes suas e um casal masculino homossexual), a quem convence a passarem com ele os seus últimos dias. Esse convívio oferece-nos um conjunto de diálogos e recordações que retratam a mentalidade dos anos 1960 e um olhar sobre o mundo atual, em contraste com os diálogos dos jovens que aparecem no filme. Entrechocam-se mundivisões diferentes, mas nunca antagônicas (e Arcand tenta nunca cair em juízos de valor). Simultaneamente, esse conjunto de diálogos constitui também um interessante testemunho e uma reflexão sobre o processo de envelhecimento.

## Profissões e organizações

Rémy não sabia bem o que o filho fazia, profissionalmente falando. Este, ao ser diretamente questionado sobre tal, tenta descrever o tipo de transações financeiras que desenvolve e de que vive. Sem modéstia, quando o pai lhe pergunta se é bom no que faz, responde: "Bastante bom!". E percebe-se, ao longo do filme, que o dinheiro nunca é problema para Sébastien, que tem uma boa percepção do poder deste e com ele vai comprando – sem arrogância, mas também sem contemplações – produtos e favores vários.

Sébastien tenta colocar o pai numa unidade hospitalar privada, de ponta, paga por si, mas o pai recusa-se, por coerência ideológica, a sair da instituição pública onde estava. O filho tenta então tirá-lo da enfermaria coletiva e colocá-lo num quarto individual. Não havia. Mas descobre que um piso do hospital se encontrava vazio. Dirige-se então à administradora do hospital e tenta "comprar" a autorização para criar um quarto individual com boas condições nesse piso deserto e sujo do hospital. Passada a primeira reação, em que a administradora se sente aparentemente insultada pelo desaforo de um simples cidadão tentar comprar uma solução individual numa instituição pública, percebe-se que a resistência inicial não era inamovível. Mas, lembra, nada poderá fazer sem a autorização do poderoso sindicato dos trabalhadores do hospital. No passo seguinte, vemos Sébastien "comprar" o líder dos sindicalistas, a quem, depois de lhe passar uma boa maquia para a mão, encarrega de conduzir todas as obras necessárias para a constituição de um quarto confortável.

Mais tarde, desaparece o computador pessoal de Sébastien, que tinha ficado junto do pai, que adormecera. Sébastien dirige-se então à sala dos sindicalistas dizendo que, se por acaso, vissem um computador com as características do seu... Quando regressa ao hospital, depois de uma das suas frequentes saídas para tratar dos assuntos relacionados com o pai, é um dos sindicalistas (representado pelo próprio Denys Arcand) que o chama e lhe entrega em mãos, intacto, o computador.

Sébastien demonstra, por esses atos, um conhecimento profundo da estrutura formal, mas, sobretudo, informal do funcionamento de uma organização tão complexa como é, aparentemente, um hospital. Dito de outro modo, o realizador, em meia dúzia de minutos, oferece-nos uma excelente aula prática de Sociologia das Organizações, a valer talvez a leitura morosa e enfadonha de alguns manuais que por aí existem...

Sébastien é também, ele próprio, um exemplo acabado do chamado teletrabalho, pois, enquanto vai tratando dos assuntos do pai e conversando com este e aquele, vai igualmente fazendo telefonemas pelo celular e usando o computador para ir gerindo, em qualquer lugar (tudo serve, inclusive a ambulância), os seus assuntos profissionais. Estes, acrescente-se, são sempre conduzidos num inglês perfeito, ao contrário dos restantes diálogos, que decorrem na língua materna, o francês (com forte sotaque quebequense, *comme il faut*), não fora Sébastien, afinal, oriundo dum país bilíngue...

Através do pai é também possível perscrutar um pouco o ambiente universitário. Arcand mostra-nos um mundo sem contemplações, onde o professor doente é substituído num ápice, em plena sala de aula, por uma colega nova, que desconhecia. Encontram-se na sala. Uma entra, o outro sai. E começa, de imediato, a "despejar matéria" no ponto em que aquela tinha ficado. Simples. Os alunos nem pestanejam. É a vida!

Rémy referir-se-á a esse ato – que nos é apresentado de forma admirável num *flashback* – denotando mágoa pela crueza da "realidade". Mais tarde aparecerão alguns alunos a visitar o velho professor. Este fica comovido. Quando saem, vê-se Sébastien a dar-lhes dinheiro. Um deles dirá mesmo que, por aquela quantia, virá as vezes que for necessário. Uma das alunas, contudo, mostra-se emocionada com o estado do professor e recusa-se a aceitar dinheiro. Arcand, mais uma vez, evita cair em dicotomias. A realidade é sempre densa, complexa e policromática.

## História e religião

Arcand mostra-nos o seu gosto pela história através da inclusão de vários diálogos, sobretudo entre Rémy (não por acaso, docente de História) e uma freira que assiste os doentes no hospital. Nesses diálogos Rémy relativiza (e não é isso o que a *comparação* – fundamental, desde sempre, nas ciências sociais – permite?) todo um conjunto de eventos sociais, incluindo o holocausto (comparado por Rémy à mortandade de índios por espanhóis e portugueses no século XVI).

Em determinado momento, é passada uma entrevista televisiva com um intelectual, que afirma que, ao longo da história, sempre existiram invasões bárbaras, mas que normalmente começavam pela periferia dos impérios. Refere o 11 de Setembro de 2001 (acompanhado de imagens do avião a atingir a segunda torre gêmea) como sendo algo de possivelmente novo, ao constituir um ato em que se visa imediatamente o coração do império. Segundo ele, poderemos estar perante as novas invasões bárbaras...

As novas invasões bárbaras podem ser vistas também como uma alusão a uma época em que a Igreja Católica perdeu a sua hegemonia, tendo esta constituído uma instituição central na regulação das sociedades, quer pelo seu imperialismo cultural (com a assimilação dos povos bárbaros), quer pela regulação moral a que sujeitava os indivíduos.

Nos seus diálogos com a freira, Rémy insiste, aliás, sobre o papel de cumplicidade da Igreja Católica em várias mortandades ao longo da história. Aquela responde-lhe que, se isso é verdade, então será mais uma razão para acreditar que haverá um ente supremo com capacidade para perdoar tais atos. Rémy responde-lhe que ela tem sorte em ter tal fé...

A Igreja Católica é um alvo de Arcand em diversas outras passagens do filme, nomeadamente quando é mostrado que a sua presença na sociedade canadense entrou em declínio desde os anos 1960, sobrando os seus artefatos armazenados (agora apenas memória coletiva), ou quando se evidencia a convivência com outras culturas e religiões (desde logo, no quarto do hospital que Rémy começa por partilhar com outros doentes).

A dissonância face à Igreja Católica é igualmente visível na forma de relação com a morte que Rémy representa, não mediada pela Igreja, desinstitucionalizada, como diria Dubet (2002). A freira, que vai procurando dar algum conforto a Rémy, sugere-lhe que "Aceite o Mistério". Mas, para Rémy, essa é uma construção individual pela procura de um sentido a partir da sua trajetória pessoal. Os próprios momento e forma da morte serão uma decisão sua, recorrendo à eutanásia, com apoio da família e dos amigos.

## Viagem ao mundo da droga

Perante o avanço inexorável da doença do pai e a entrada próxima num estado de agonia e de dor crônica, Sébastien informa-se junto de um amigo médico e fica a saber que há duas drogas indicadas para lidar com tal tipo de situação: a morfina e a heroína. Faz-lhe notar, contudo, que a heroína será preferível.

Sébastien terá então de adquirir heroína! Onde? Por um lado, é um produto com que não lida; por outro, está numa cidade – Montréal – onde não reside. Solução: dirige-se à polícia! O raciocínio, como explica, é simples: ninguém melhor do que ela conhece os lugares (onde se transacionam produtos) proibidos. Mais uma vez, mostra entender que existem relações formais e informais em qualquer organização e que estas nem sempre jogam no mesmo sentido. Logo, formalmente, é declinada a ajuda da polícia. Informalmente, porém, as coisas não são exatamente assim, e a polícia até adquire um rosto humano...

Através de Nathalie, Sébastien é introduzido no mundo da droga daquela cidade. Numa vivenda com bom aspecto, passa a adquirir o produto ilegal através de Nathalie, a quem encarrega de ir gerindo a administração da droga ao seu pai. Pelo meio, vai tendo alguns encontros inesperados com o *dealer* e com um dos polícias que o recebera na esquadra, que lhe vai descrevendo o modo de funcionamento daquele mundo e como a polícia lida com ele.

## *Happy ending*?

Na tentativa de proporcionar ao pai bons momentos no final da sua vida, Sébastien leva-o, a determinada altura, para uma vivenda à beira de um belo lago rodeado de floresta, onde o pai fora feliz. Aí faz-se rodear de si, da mãe e dos amigos do pai já mencionados. Vão decorrendo momentos de convívio, de diálogos sobre a vida e sobre a morte, sobre o mundo atual e sobre as correntes políticas e literárias (os vários "ismos"), a par da administração cada vez mais frequente da droga. A determinada altura percebe-se que há um plano para acabar definitivamente e, com o acordo do próprio, aquele sofrimento irreversível. É a questão da eutanásia que é levantada de uma forma indelével e sem nunca ser pronunciada tal palavra. Os afetos e as cumplicidades mais inesperadas adensam-se então, incluindo por parte de uma enfermeira que cuidara dele no hospital...

Arcand, neste seu belo filme, oferece-nos um fresco sobre a vida, a vida de seres humanos de várias idades, que tinham em comum laços de afeto, mesmo que com conflitos à mistura.

O filme é conduzido de um modo que nos leva a passar quase impercetivelmente da relação entre dois seres – Rémy e Sébastien; pai e filho – aparentemente distantes e vivendo, quase orgulhosamente, quase autisticamente, em mundos paralelos – e as paralelas nunca se tocam, não é? – a uma relação em que vamos ficando a conhecer melhor cada personagem (os dois principais, mas também os restantes: mãe e namorada de Sébastien, amantes e amigos do pai, jovem drogada, polícia e vendedor da droga, etc.) e na qual a ternura e a amizade vão imperando.

Emerge, assim, a ideia de solidariedade familiar, para a qual alguns sociólogos, que trabalham as relações intergeracionais, têm chamado a atenção. A Sociologia da Família clássica caracterizava a família moderna pela autonomização dos filhos adultos em relação aos pais (saindo da casa e da alçada paternas) e, desse modo, pela contração das relações intergeracionais. Em oposição, diversos autores vieram mostrar, posteriormente, a vitalidade das relações entre gerações, através da rede de entreajuda familiar, uma rede que envolve as pessoas, mas na qual também circulam bens e serviços (Vasconcelos, 2002). Em *Avoir 30 Ans en 1968 et en 1998*, Christian Baudelot e Roger Establet (2000) observam que as relações entre gerações têm espaço, sobretudo, no quadro familiar e que aí as gerações continuam, no presente, fortemente unidas, não sendo, por isso, a guerra entre gerações o que melhor caracteriza essas relações.

Uma outra conclusão que esses estudos têm encontrado é que essas solidariedades intergeracionais dependem da classe social, uma vez que os recursos disponíveis condicionam a entreajuda. O que Sébastien faz por Rémy não estaria ao alcance de qualquer jovem contemporâneo seu, já que é conseguido através das elevadas somas de dinheiro que vai gastando (em conjugação com o seu capital cultural).

*As invasões bárbaras* é um filme que vai mostrando a realidade de uma cidade e de um grupo social de uma forma simultaneamente impiedosa e divertida, sem nunca cair em falsos moralismos.

Os atores, acrescente-se, não sendo de primeiro plano no nível internacional, representam primorosamente, conferindo aos respectivos papéis uma dinâmica, plausibilidade e densidade assinaláveis. Não é por acaso que o filme venceu vários prêmios internacionais – incluindo no Brasil – abarcando os de melhor filme, melhor diretor e melhor ator e melhor atriz.

## Referências

ANGERS, Maurice. *A sociologia e o conhecimento de si*. Lisboa: Instituto Piaget, 2008.

BAUDELOT, Christian; ESTABLET, Roger. *Avoir 30 Ans en 1968 et en 1998*. Paris: Seuil, 2000.

DUBET, François. *Le déclin de l'instituition*. Paris: Seuil, 2002.

SINGLY, François de. *Uns com os outros*: quando o individualismo cria laços. Lisboa: Instituto Piaget, 2003.

VASCONCELOS, Pedro. Redes de apoio familiar e desigualdade social: estratégias de classe. *Análise Social*, v. 37, n.163, p. 507-544, 2002.

# Cartas sobre
## *Conversando com mamãe*

Écio Antônio Portes
Maria Amália de Almeida Cunha

Leiria, Portugal, início da primavera de 2011

Maria Amália,

Espero que tudo esteja bem com você e seus queridos familiares ao receberem esta carta. Pelo menos penso que era assim que se começava quando se escrevia cartas, lembra-se? Na verdade, essa é uma forma que eu imaginei para falar com você de um belo filme que vi e revi na primeira semana de abril. Achei o filme tão bonito que senti vontade de comentá-lo com alguém. A carta será longa! Mas como conheço a sua solidariedade para com os meus escritos e a sua capacidade de análise sociológica, mesmo não sendo especialista em classes médias, tomo a liberdade de compartilhar meus sentimentos, impressões e interpretações sobre o filme visto. Além do que, é um prazer "conversar" desta forma antiga com você.

O filme que vi é *Conversando com mamãe*, uma produção argentino-espanhola, escrita e dirigida pelo argentino Santiago Carlos Oves, em 2004. Por sinal, uma direção impecável, ajustada e exigente, que extrai significados e produz sentidos até na cena do retrato que é mostrada no final do filme, que simboliza a vitória da mãe, ou, se quisermos, da família. Não se tem em momento algum a sensação de que os atores estão falando a esmo. As interpretações são detalhadas, soam mais do que convincentes, são emocionantes, dão a conhecer as minúcias de um conflito existencial de um filho que conversa com a mãe, explorado crescentemente no filme. Elas são tão bem elaboradas que beiram a um perfeccionismo obsessivo, mas necessário para a produção da realidade que ele queria expor. O diretor se apoia em um jogo de imagens de passado/presente feito com tamanha maestria que, se não fosse a mudança de cor, as coisas se confundiriam de tão sincrônicas, mas sem nenhum exagero. Saí do filme com aquela sensação da qual François Truffaut fala para definir um filme de "verdade": *eu vou te contar uma história e você vai acreditar nela*. Foi isso que aconteceu comigo diante da direção de Santiago Carlos Oves, que é digna de nota. Saí completamente emocionado do filme.

Não vou tecer muitos comentários sobre os atores, que estão afinadíssimos no filme, pelo menos aqueles mais centrais que sustentam a trama: a Mama (China Zorrilla), Jaime (Eduardo Blanco) e Gregório (Ulises Dumont). Talvez você os conheça de outros filmes. Não tive a curiosidade nem a coragem de vê-los em outras cenas, pelo menos, por enquanto. Quero continuar com a realidade que eles construíram, que me toca profundamente. *Conversando com mamãe* vem embalado por uma trilha sonora de Pablo Sala. Você o conhece? Olha, o cara deve entender disso, pois a trilha é muito boa!

Enquanto escrevo a você relembro de algumas experiências de produção de significado que eu vivi, quando era adolescente em Almenara e assistia a faroeste com os amigos no cinema. Tínhamos de prestar muita atenção a todas as cenas, pois, quando saíamos do cinema, começava-se a "perguntação": como era a espora do cara quando ele desceu do cavalo? Que imagem tinha na fivela do cinto do cara? Quantas marcas tinha no cabo do revolver do Clint Eastwood? E por aí afora... Era engraçado, mas tinha-se de saber, senão passava-se por parvo. Aliás, essa é a palavra da moda de uma música muito legal daqui, "Que parva que eu sou", do grupo Deolinda, que parodia a ideia corrente em Portugal de uma moçada "à rasca", sem destino. Por que digo isso? É que eu fiquei vendo o filme e me fixando nos pequenos detalhes: achei que valeria a pena, mesmo que eu não tivesse de responder depois a ninguém sobre eles. *E você não vai me perguntar*, não é mesmo? Aliás, essa pergunta é um mote, produz momentos excelentes no filme.

Sabe, Maria Amália, quando terminei de ver o filme fiquei um pouco "paradão", sem conseguir pensar em muita coisa, imediatamente, a não ser no "Poema em linha reta" do Fernando Pessoa, que começa assim: "Nunca conheci quem tivesse levado porrada". E não é que o cara do filme levou uma baita porrada!

O argumento do filme é a coisa mais simples do mundo. Gira em torno de um cara que é pressionado a vender a casa da mãe. Com o dinheiro, manteria (por quanto tempo?) seu padrão de vida e satisfaria assim a sua farsa existencial. A mãe, uma velhinha simpática com quase 90 anos, poderia facilmente ir morar em um asilo para idosos e quebrar o galho do filho. E por que ele precisa vender a casa da velhinha? Porque ele levou uma porrada da vida. Jaime, é esse o nome do cara, mora em uma Argentina que, depois que se envolveu em uma guerra inconsequente com a Inglaterra pelas Ilhas Malvinas (ou Falkland) nos anos 1980, que depois que se livrou das seguidas ditaduras militares e se democratizou, mergulhou em uma profunda crise econômica e social que parece não ter fim e a todos atinge. Essa é uma das mensagens do filme, entre outras. As personagens que sustentam o filme são a mãe e seu filho que perdeu o emprego, que tem uma mulher "metida à besta" e sempre de *tailler*, e um desempregado de 69 anos que se define como "anarco-humilhado". Oh, Maria Amália, o cara é uma figura, imagina o discurso que ele faz para um bando de cachorros em um parque público, é de rir. Esse filme é uma prova fundamental de que discutir, enfrentar as discussões, aprofundar nas argumentações vale a pena, mesmo que isso possa se dar de forma dolorosa. A discussão com palavras vivas. Senão, caímos naquilo que Mário Quintana diz: "a palavra é como uma borboleta morta espetada em uma página". Ou, como se diz popularmente, discutir por discutir não vale a pena.

Após a perda do emprego, venda do carro vistoso, pressão da mulher (e da sogra) que esgrime argumentos para sustentar um padrão de vida insustentável, Jaime parece se orientar perfeitamente pelos versos de "Canção excêntrica", de Cecília Meireles:

> Ando à procura de espaço
> para o desenho da vida.
> Em números me embaraço
> e perco sempre a medida.
> Se penso encontrar saída,
> em vez de abrir um compasso,
> protejo-me num abraço
> e gero uma despedida.

É assim que encontramos Jaime, um sujeito graduado, que anda de paletó e gravata, usa celular, mora em bairro chique em casa com piscina, viaja ao exterior, possui dois filhos em escola privada, que leva a família ao *shopping* nos finais de semana, "um protótipo de homem médio". É casado com uma mulher que não trabalha e quer manter a todo custo um padrão de vida que não é mais possível em uma Argentina onde todos sofrem. É verdade, uns mais que outros. Ouve todos os dias da mulher: "venda a casa da velha que eu quero de volta o padrão de vida que perdi". Uma mulher que a cada dia se envergonha mais e mais das atitudes do marido desempregado.

Qual é o problema que Jaime vai enfrentar? A sua pacata *Mamá* não quer vender a casa, recusa-se e, ainda por cima, está "ficando" com Gregório, que já mora com ela, fonte de sua alegria, aquele anarco-humilhado, sem trabalho e sem perspectiva de tê-lo em uma economia em crise, na qual os mais jovens e mais qualificados também estão à rasca.

Aos poucos, gradativamente, com os diálogos belíssimos e duríssimos mantidos com a mãe, Jaime vai descobrindo e vivenciando uma série de circunstâncias que cercam a sua existência, a de sua mãe, a de seus filhos, a de sua esposa e a existência daquele que se tornaria mais tarde um grande amigo, Gregório. Mas tudo isso acontece entre um misto de drama e comédia, com leveza, beleza, de forma sutil. Nada é agressivo no filme. A não ser, por vezes, os diálogos entre mãe e filho.

Então, Maria Amália, eu penso que as descobertas de Jaime dizem respeito e tocam a todos nós. Sabe-se lá o que é ter uma mãe com a qual só se fala todos os dias por telefone somente "Alô, mamãe, como estás?" durante vinte anos? Penso que a primeira descoberta de Jaime é que ele ainda tem uma mãe, alegre, bonachona, aberta a viver experiências para além daquelas que a sua condição de mulher e classe social construíram nela como disposições para atuar no mundo dos homens. Ela atualiza essas disposições e incorpora outras, ao abrir-se para novas experiências, rediscutindo e problematizando o lugar ocupado por idosos na sociedade de hoje. A sua casa é o seu porto e é nela que ela finca a sua âncora: "eu tenho direito a uma velhice digna!". Jaime descobre nessa relação tensa e ao mesmo tempo afetiva detalhes fundamentais da história de sua mãe e de seu pai e, consequentemente, descobre mais de sua própria história e de si mesmo.

Nós sabemos, Maria Amália, que a relação das classes médias com a escola revela regularidades reconhecidas e interpretadas como disposições favorecedoras de um provável sucesso escolar, Maria Alice Nogueira já o demonstrou bem. Mas sabe-se lá, principalmente para as classes médias, o que é criar os filhos orientados por um projeto de vida e de reprodução cultural e social e na hora da onça beber água, isto é, na hora de eles escolherem um curso superior, ouvir dos filhos que não querem esse projeto, que eles têm um projeto próprio, diferente daquele sonhado e posto em marcha pela família desde as séries iniciais da escolarização? Uma filha criada para ser arquiteta e que quer ser atriz, o outro filho, sempre resta uma esperança, quer ser bailarino de tango. Como dizem os jovens, é mole? Vemos nesse caso que o diálogo nessas famílias também pode ser truncado, nunca é tão claro como parece ser. Vemos, ainda, que o sucesso escolar nesses meios, também, parece não ser uma fatalidade sociológica. As contradições da herança cultural estão sempre à espreita e habitam cotidianos dos mais improváveis. Jaime descobre tudo isso vendo a filha "assaltar" a geladeira e o filho, em uma sequência maravilhosa, a dançar tango.

Ainda, o que é descobrir em momentos de crises (no trabalho, familiares, pessoais, conjugais...) que o casamento não mais existe e que se habita um mundo de aparências? Que a mulher não o ama mais, que não se falam mais, que não transam mais... O certo, como diz Guimarães Rosa, é que nesse caso "Além de queda, coice", pois nada disso acontece de forma isolada, um desgosto mancomuna com outro para produzir novos desgostos: "Estou metido em um grande problema!". Mas, como sabiamente diz a Mamá, "Sempre que choveu, parou!".

Mas Jaime descobre sobretudo a si mesmo ao retomar o diálogo com sua mãe e ao conviver com Gregório. Parece se curar da ansiedade que o faz sofrer, "doença da classe média globalizada". É chavão, eu sei, mas aqui parece procedente, funciona. Mas para que isso funcione foi preciso primeiro Jaime se revelar preconceituoso para com o trabalho dos outros, principalmente com as ocupações dos mais simples: "Se envolver com um lixeiro? Com um lixeiro, mamãe!" Horroriza-se Jaime quando a mãe fala encantada a propósito de como conheceu Gregório. E revela, ao final: "Sou uma aparência, uma pura aparência...". Essa me parece ter sido a condição para o aparecimento de um novo homem, sorridente, que se olha no espelho envaidecido, orgulhoso do que vê e novamente prestes a se envolver com o amor, com o amar, com a alegria de viver.

Afinal, Maria Amália, o François De Singly é que parece ter razão: a família parece mesmo ser o local de construção das identidades, e nós poderíamos acrescentar, local também de reconstrução delas, pois podemos ver nesse belíssimo filme que essas identidades estão sempre em formação, nunca são identidades rigidamente acabadas, estão sempre a merecer um polimento das circunstâncias que marcam a existência dos diferentes sujeitos sociais nas relações que vão das mais simples às mais complexas.

Acho que era isso que eu precisava escrever, penso. Agora me sinto, inclusive, mais calmo, como alguém que acabou de falar compulsivamente e precisa respirar.

Um grande beijo para você, abraços para o Fábio e para a "Fofurinha" e obrigado, de coração, pela sua atenção. Do amigo que ainda escreve cartas a propósito de falar de cinema,

Écio.

Belo Horizonte, julho de 2011.

Querido Écio,

Que bom receber notícias suas e da "terrinha". Fico feliz por saber que você está aproveitando bem o seu tempo de estudo e pesquisa, tempo necessário e precioso para nos engajarmos em outras leituras e descobertas.

Ao ler sua carta, de escrita tão fina e sensível a respeito do filme *Conversando com mamãe*, não tive outra atitude senão a de acompanhar com os meus olhos, a *estória contada* por você. O filme é realmente belíssimo e mistura drama e comédia em uma mesma narrativa. A vontade de rir e de chorar se impõe de maneira quase concomitante e se confunde em vários momentos.

A primeira cena do filme é um vídeo sobre o *panelaço* de 2001, crise financeira que levou a Argentina a uma onda de protestos por todo o país e que culminou na fuga do então presidente Fernando de la Rúa. A partir desse cenário, o filme vai tratar de um eterno recomeço: o recomeço da relação do filho com a mãe octogenária, o recomeço do filho Jaime que, após o divórcio, sente-se novamente pronto para um novo amor, o recomeço de uma vida de classe média empobrecida que, diante da crise, passa a reviver com novos valores, além do belo recomeço de um amor cúmplice: a simpática velhinha octogenária, mãe de Jaime, recobra o amor junto ao velho "anarco-humilhado" descrito por você. Com isso, quero dizer que, quando vemos um filme, não vemos apenas seu texto, mas seu contexto. O contexto nos permite, em um jogo de alteridade, fazer com que a estória refletida e contada por meio do filme forneça, ao mesmo tempo, elementos para que possamos fazer uma espécie de *socioanálise* das nossas próprias experiências e das experiências que vemos espelhadas no filme.

A trama do filme, com suas personagens e situações, foi muito bem explorada por você: o cenário político-econômico do país, os dramas da classes média, a relação mãe-filho, os projetos e expectativas da família depositados no diploma dos filhos, etc. Essa sequência de encadeamentos (não necessariamente nesta ordem) parece instaurar uma descontinuidade em nossa representação coletiva da família como um todo harmonioso, ligada, segundo Lenoir (1996, p. 75), a uma espécie de obsessão pela permanência do grupo doméstico. Para o autor, as etapas são sempre as mesmas: nascimentos e acontecimentos que se sucedem de maneira cronológica e linear e que tendem a apresentar a "família" como a imagem de um grupo coerente, integrado.

Essas representações coletivas, conforme Durkheim, uma vez constituídas, tornam-se realidades parcialmente autônomas, atuam sobre a realidade pela ação da explicação, formulação e informação, inerente a qualquer forma de representação (LENOIR, 1996, p. 77). Assim, dois tipos de representação coletiva chamam a atenção no filme: a família e a intricada rede de relações tecidas em seu interior e a condição social da velhice em nossa sociedade.

O corte das idades e as definições de práticas mais ou menos legítimas para as "idades da vida" me fez pensar sobre a "mamãe" do filme (China Zorrilla) e como ela experimenta a condição da velhice na sociedade moderna e ocidental. O drama vivido pelo filho, Jaime: o desemprego em contexto de crise econômica e o rompimento do vínculo com uma sociedade salarial trazem a reboque a crise no casamento, a frustração pelas escolhas profissionais dos filhos e a sensação de que sua vida está arruinada. A necessidade de pedir o apartamento cedido à sua mãe para poder pagar suas dívidas anuncia uma longa e dolorosa negociação para convencer a mãe, já idosa, a renunciar a sua autonomia e liberdade. Afinal, nossa sociedade tende a esperar do velho atitudes mais resignadas, dependentes e conformadas. Contrariando a lógica da sociedade, a *mamá* do filme rouba a cena e emociona o espectador, ao mostrar como a velhice pode produzir outras lógicas de resistência e de não conformidade diante dos processos de sociabilidade socialmente construídos.

Não faltam temas e debates sobre a imagem da velhice no cinema. Barros (2006, p. 110-111), em um texto que discute a trajetória de estudos sobre a velhice no Brasil, cita o filme *Chuvas de verão,* dirigido por Cacá Diegues em 1978. O que parecia ser o início de uma vida pacata no subúrbio transforma-se em uma revolução subjetiva, em que a figura do velho com o pijama e a fruição da aposentadoria dão lugar à construção da velhice produtiva, que não relega o velho à condição de minoridade.

Aproveitar finalmente o ócio após quase meio século de dedicação ao trabalho não é mais uma condição natural do velho, mas um direito adquirido e apresenta-se como o início de um longo debate que se estenderá para além das imagens do cinema. No caso do filme aludido por Barros (2006), *Chuvas de verão,* uma reviravolta permeada por dramas e turbulências fará com que a rotina vislumbrada para a velhice segundo aspectos como gênero e classe social ocorra um pouco na contramão do esperado. O personagem principal do filme, Afonso, recém-aposentado, viverá sua sexualidade de maneira mais intensa e inesperada, se comparada ao modo como ele viveu essa experiência em sua vida pregressa.

Como lembra Barros (2006, p. 110), o surpreendente nesse filme é que a personagem consegue tirar proveito "pedagógico" da tensão entre a promessa de satisfação de usufruir seu próprio tempo e o medo de viver a velhice e o tempo que ela reserva ao indivíduo. Ao se entregar aos seus desejos, em um tempo da vida em que o controle não é mais exercido de fora para dentro, como aquele que marca as relações do mundo do trabalho para as classes populares, Afonso consegue viver a velhice subvertendo a lógica de uma sociedade vigilante e disciplinar, marcada pela nossa sociedade de controle, justamente em um momento em que o indivíduo pode se permitir fugir das normatizações a que esteve submetido no decurso da chamada "vida produtiva", como produtivo não fosse o período associado à velhice.

Em relação a este aspecto, Debert (2005, p. 25) lembra que o surgimento da imagem do velho nos filmes, parece quebrar a longa conspiração do silêncio em relação à velhice nas sociedades modernas, cujas imagens costumavam estar associadas a aspectos negativos, tais como a inutilidade, a ineficiência, a perda da sociabilidade tecida nas relações de trabalho e fortalecidas durante décadas de existência, bem como a senilidade e o assombro da decrepitude. A velhice, tal como a infância, ganha uma cronologia bem definida a partir da modernidade e da criação de papéis e funções que devem agora sua organicidade ao compasso da lógica produtiva. Assim, tanto o personagem a que refere Barros (2006) no filme *Chuvas de verão* quanto a *mamá* do filme *Conversando com mamãe* distanciam-se da fixação de modelos, estereótipos e padrões associados às *idades da vida* e que, a partir da modernidade, tiveram de encontrar seu lugar no *espaço social* em função de algumas agências de institucionalização como o trabalho, a família e a escola, por exemplo.

Mas não é da velhice enquanto objeto da Sociologia que eu pretendo falar aqui. Isto porque, enquanto objeto, a sociologia da velhice não consiste em definir quem é e não é velho, ou em fixar a idade a partir da qual os agentes das diferentes classes sociais se tornam velhos, mas em descrever o processo através do qual os indivíduos são socialmente designados como tais (LENOIR, 1996, p. 71). Para este autor,

> [...] a velhice, assim como a juventude, não é uma espécie de característica substancial que acontece com a idade, mas uma categoria cuja delimitação resulta do estado (variável) das relações de força entre as classes e, em cada classe, das relações entre as gerações, isto é, da distribuição do poder e dos privilégios entre as classes e entre as gerações (LENOIR, 1996, p. 71-72).

As categorias dominantes tendem a impor uma definição do envelhecimento: quanto mais baixa a ocupação na hierarquia das profissões, mais cedo a sociedade imputa a precocidade da velhice a esses sujeitos: a perda da capacidade produtiva da velocidade, da habilidade, da vivacidade intelectual e da memória se faria sentir então mais antecipadamente em trabalhadores manuais como operários, artesões, mulheres na ocupação de empregos domésticos, entre outros.

Nesse cenário, em que a problematização da velhice surge como uma condição que deve ser refletida no plural, pois muitas são as formas de vivenciar a velhice, a personagem que dá título ao filme mostra como a velhice é vivida de maneira produtiva e criativa, resistindo às investidas do filho em retirá-la do apartamento onde vivia sozinha, procurando fortalecer o filho diante de uma nova situação relacional, dando-lhe conforto, segurança e mostrando-lhe a importância de recobrar a liberdade (dos relacionamentos afetivos, laborais e familiares).

A velhice no filme é vivida distante da imagem que durante muito tempo associou o velho a um modo de ser e de viver de acordo com uma perspectiva de vida muito cronologizada. O encontro no filme da *mamá* de Jaime com o "anarco-humilhado", mais jovem que ela, mostra que a idade cronológica não tem relevância para o reencontro de sensações e sentimentos arrefecidos pela dureza da vida. É como diz o poeta Fernando Pessoa, em "Prece":

> Mas a chamma, que a vida em nós creou,
> Se ainda há vida ainda não é finda.
> O frio morto em cinzas a ocultou:
> A mão do vento pode erguel-a ainda.

O novo companheiro da mãe de Jaime, ao vivenciar um processo de *desafiliação*, sem casa e sem trabalho, encontra na panfletagem e na indignação manifesta pelos discursos um meio de resistir a esse processo de vulnerabilidade de que nos falava Castel (1997).

Para esse autor, o indivíduo que vive um processo de marginalização e exclusão provocado pela dinâmica da sociedade salarial é aquele que se encontra na zona de vulnerabilidade social. É assim que o personagem que dá vida ao "anarco-humilhado" percebe a sua condição: diante da dificuldade das culturas institucionais e profissionais em absorver esse contingente, é necessário categorizar esse contingente. Sua nova condição é a de um sujeito errante, aquele que surge das situações marginais após um duplo desligamento: primeiro em relação ao trabalho e, em seguida, em relação à inserção relacional. Mas vociferar e "conscientizar o povo" sobre a situação dos desvalidos é também uma forma de combate. O combate através das palavras é também uma forma de não deixar perder a capacidade de indignar-se: lutar com palavras é a luta mais vã. Entretanto, lutamos mal rompe a manhã, já dizia o poeta Carlos Drummond de Andrade.

A situação de Jaime, personagem principal do filme, retrata a confluência que existe entre a zona de integração e a de vulnerabilidade social. De pai de família classe média bem-sucedida, Jaime assiste ao declínio do homem que ele construiu. Sua mãe, comovida diante da angústia de seu filho, ajuda-o a recobrar as experiências importantes do passado, quando então Jaime, um jovem universitário, lutava contra a imposição de um regime ditatorial em seu país. As lembranças do passado e, com elas, as crenças nos ideais em torno de uma sociedade menos injusta e opressora parecem diminuir a angústia de Jaime diante das novas fragilidades relacionais.

Para Castel (1997, p. 32), a grande angústia é que a zona de marginalidade ou desafiliação é a zona onde o trabalho está ausente e, junto com esse vácuo, há o isolamento relacional. Este constitui o espaço social de instabilidade, das turbulências, povoado de indivíduos em situação precária na sua relação com o trabalho e frágeis em sua inserção relacional. Por outro lado, parece ser justamente a libertação das amarras com o presente que torna Jaime pronto a reencontrar-se consigo mesmo, com seu passado, com as suas crenças e com aquilo que o ligava à sua mãe. Esse recomeço para Jaime é também um recomeço para o "anarco-humilhado", dessocializado na sua condição de errante. A mãe de Jaime estará agora presente apenas nas lembranças de seu companheiro e do filho, com a certeza de que sua velhice foi vivida de maneira transgressora, assertiva e plena.

Para Debert (2005, p. 42), o cinema, quando coloca ênfase na crítica aos estereótipos e discriminações, torna mais complexos nossos sentimentos e nossa percepção das outras formas de exclusão além daquelas dadas pela desigualdade econômica.

Nós sabemos que a função do filme não é "treinar" o nosso olhar nem fazer com que nossas impressões "escolarizem" o cinema. Todavia, não se pode negar aqui que partilhar nossas leituras através de muitos filtros de percepção nos ajuda a refletir melhor sobre alguns problemas sociais, objetos tanto da ficção quanto da nossa própria realidade.

Enfim, Écio, gostaria de lhe agradecer por esta nossa troca de impressões, troca esta que procurou brincar um pouco com a dimensão epistolar, talvez hoje um tanto anacrônica em uma época marcada pela revolução tecnológica em contextos interpessoais, cuja expansão das redes de relacionamentos virtuais é um dos exemplos citados aqui. Eu penso que, justamente nestes contextos, saber ouvir e querer ouvir o outro, mesmo que a distância, humaniza nosso *ofício de sociólogo* e ajuda a desburocratizar, por meio de novas ferramentas analíticas, nosso fazer ordinário. Obrigada pela escuta e bom regresso, amigo!

Maria Amália

## Não é o fim, são considerações

Como o leitor deve ter percebido, a forma de atendermos ao convite para que produzíssemos um texto sobre o filme *Conversando com mamãe* foi esta, de escrever cartas. Estas cartas têm como função, além da já anunciada, permitir que pudéssemos falar do filme de forma particular, como ele tocou a cada um de forma individual, como nós expressaríamos esses sentimentos, mas com o consentimento do outro. Inicialmente, discutimos um projeto de escrita, depois enviamos as cartas uns aos outros e interferimos nos textos no sentido de complementá-los, de dar mais clareza, de sermos mais solidários um com o outro, ainda que possamos perceber as diferenças. Escrever um texto a quatro mãos na distância que nos encontrávamos era impossível. Poderíamos ter acionado outros meios eletrônicos como videoconferência, *chats*, além do reverenciado e louvado meio de comunicação do momento, o *e-mail*.

Além das discussões sociológicas produzidas a partir do filme, a nossa principal intenção foi afirmar que ver filmes vale a pena, que ninguém tem de assistir a filmes pensando ou imaginando qual é a mensagem pedagógica, sociológica, filosófica ou qualquer outra que o filme possa passar. Escrever sobre cinema é um exercício teórico de produção de sentido, assistir a filmes é um enlevo para a alma, um prazer, um deleite próprio do espectador e produção de um outro sentido. Por isso, questionamos qualquer pedagogização do cinema, da existência de uma forma correta de olhar, de sentir, de ouvir, de se proceder diante do filme.

Esperamos que o nosso texto possa produzir sentido dentro da proposta do livro, a família vai ao cinema, e que as discussões produzidas por nós não passem de parte de um conjunto mais aberto de possibilidades de ver um filme com gosto, esmerando-se nos detalhes de imagens, sons e mensagens que nos são oferecidos, que produzem emoções todas as vezes que nos colocamos de boca aberta diante de um filme, que podemos aceitar, rejeitar, polemizar a partir das nossas possibilidades e acumulações culturais que vamos construindo ao longo da vida, que nos permitem olhar dessa ou daquela maneira para aquilo que temos diante de nós. Não só no cinema, claro, mas também na vida.

## Referências

BARROS, Myriam M. Lins de. Trajetória de estudos de velhice no Brasil. *Sociologia, Problemas e Práticas*, n. 52, p. 109-132, 2006.

BOURDIEU, Pierre. As contradições da herança. In: BOURDIEU, Pierre (Org.). *A miséria do mundo*. Petrópolis: Vozes, 1997.

CASTEL, Robert. A dinâmica dos processos de marginalização: da vulnerabilidade à desfiliação. *Caderno CRH*, Salvador, n. 26-27, p. 19-40, jan./dez. 1997.

DEBERT, Guita G. A vida adulta e a velhice no cinema. In: GUSMÃO, Neusa Maria Mendes. (Org.). *Cinema, velhice e cultura*: cinedebate. Campinas: Alínea, 2005.

GILLAIN, Anne. *O cinema segundo François Truffaut*. Rio de Janeiro: Nova Fronteira, 1990. cap. XXV e XXIX.

GUSMÃO, Neusa Maria Mendes (Org.). *Cinema, velhice e cultura*: cinedebate. Campinas: Alínea, 2005.

LENOIR, Remi. Objeto sociológico e problema social. In: CHAMPAGNE, Patrick; LENOIR, Remi; MERLLIÉ, Dominique; PINTO, Louis. *Iniciação à prática sociológica*. Petrópolis: Vozes, 1996.

SINGLY, François de. *Sociologie de la famille contemporaine*. Paris: Natan, 1993.

# *Um herói do nosso tempo*: reconfigurando trajetórias familiares e identitárias

Carla Fonseca Lopes

*O dever de um cineasta não é só fazer belos filmes, mas também tornar visíveis as pessoas invisíveis.*
Radu Mihaileanu

O ponto de partida para este texto é a busca de um olhar diferenciado sobre uma miscelânea de temáticas suscitadas pelo filme *Um herói de nosso tempo* que foram soando e ressoando como um pássaro em busca de sua trajetória de voo. Optar por reconstituir um fato histórico por meio de um personagem ficcional nem sempre é um caminho seguro, mas neste caso o diretor percebeu que a abertura da janela era demasiado ampla e apostou em retratar a vida de um "deserdado" moderno. Trata-se da saga de menino cristão nascido na Etiópia, que perde quase toda a família na estrada entre seu país e o Sudão para viver em Israel. Uma narrativa que sacode pela emoção, mas também faz refletir sobre a identidade pessoal e cultural, no processo de formação de um judeu etíope, no papel da família no compartilhamento de modelos, de valores, crenças e, sobretudo, no suporte dela para a sua caminhada como sujeito responsável e ético. Sua multiplicidade de experiências é um convite à reflexão sobre as nuances do racismo, a necessidade de se encontrarem novas formas de resistência, e conduziu-me à sociedade israelense, com suas especificidades (humor judaico) e aspectos simbólicos de Israel que envolvem sua personagem central. Procurei na psicanálise um dos aportes teóricos e na mitologia o modo de fabulação operacionalizado pelo mito nas sociedades arcaicas. Ele revela-se em plena atividade mesmo nos dias atuais, tanto na mecânica interna da narrativa quanto no modo pelo qual se insere nas mediações simbólicas. Logo, somos levados a buscar, no mito/herói, uma chave para uma compreensão válida acerca de ambos na contemporaneidade.

## Um breve recorte sobre a família

A família é uma unidade dinâmica, um grupo social, um espaço de convivência fundamental ao desenvolvimento dos seus membros. Contudo, possui características e funções próprias, que são historicamente questionadas e redefinidas. A família não comporta uma definição unívoca, primordialmente centrada em parâmetros excludentes.

Podemos caracterizá-la como o primeiro ambiente do qual a criança participa ativamente, interagindo através de relações face a face. Inicialmente, estas interações ocorrem pela relação da mãe com a criança. Aos poucos, as relações vão se expandindo dentro do grupo familiar, formando, dentro desse sistema, vários subsistemas, como a relação pai-criança e a relação entre irmãos. Idealmente, a família é a maior fonte de segurança, proteção, afeto, bem-estar e apoio para a criança. Nela a criança exercita papéis e experimenta situações, sentimentos e atividades. Dentro dela, a criança desenvolve o senso de permanência e o de estabilidade. O senso de permanência está relacionado com a percepção de que elementos centrais da experiência de vida são estáveis e se mantêm organizados, através de rotinas e rituais familiares. O senso de estabilidade é fornecido através do sentimento de segurança dos pais aos filhos, de que não haverá rupturas ou rompimentos, mesmo diante de situações de estresse. A garantia de permanência e estabilidade faz a família funcionar como um sistema integrado, cujo objetivo principal é o de promover o bem-estar de seus membros.

Além de suprir necessidades básicas, ela tem a função de propiciar também o desenvolvimento psíquico e social do indivíduo. Com o advento da modernidade, foi percebido que as funções atribuídas à família possuem lacunas cujas origens são diversas.

Essas noções de família nos apresentam aspectos do que deveriam ser os elementos-base de uma família. Porém, no filme *Um herói de nosso tempo* temos uma criança, Shlomo, que perdeu os irmãos, o pai e, por momentos, chegou a acreditar que a própria mãe o tinha abandonado para viver durante todo o tempo em uma comunidade que testava sua religiosidade, no caso o judaísmo. Esse garoto sofre preconceito religioso, racial e étnico. Shlomo é um caldeirão humano de culturas e religiões: cristão negro nascido na Etiópia, viveu em um campo de refugiados no Sudão e, para sobreviver, sua mãe o ensina a se fingir de judeu e se juntar aos *falashas*,[1] grupo de judeus etíopes que foram levados para Israel. Para salvar o filho, de nove anos, ela recomenda-lhe que só deveria regressar depois de ter vencido as adversidades que lhe surgiriam na vida. A travessia do campo do Sudão até Israel foi uma verdadeira provação, uma caminhada pelo deserto.

Temos, nesse caso específico, um dado interessante que é o fato de Shlomo acabar por ter "três mães": a sua mãe biológica sabia que ao entregar Shlomo a uma "segunda mãe" seria para que ele tivesse alguma chance de sair daquele flagelo que assolava milhões na Etiópia. A segunda figura materna é exercida pela mãe que o acompanha na longa viagem até Israel e que lhe altera o nome, dando-lhe um nome judaico para garantir sua permanência em território israelense. Nessa segunda etapa de sua vida acontece o que ele menos esperava, pois sua segunda mãe morre e ele fica à deriva e desprotegido numa terra desconhecida, onde agentes do governo israelense procuravam falsos *falashas* que se infiltram entre os verdadeiros para fugirem da fome que castigava a Etiópia. E a "terceira mãe" (Yael) é de uma família de judeus *sefardins*[2] de origem francesa que vai adotá-lo em sua nova etapa no país. Resgata, assim, a figura paterna e ganha dois irmãos. Terá uma forte ligação com o seu avô, que desempenhará um papel

---

[1] *Falashas:* judeus etíopes descendentes do Rei Salomão e da Rainha de Sabá. Para chegarem a Israel, tiveram de caminhar 600 quilômetros da zona de guerra civil etíope, sob o sol escaldante do deserto, até o Sudão. Dessa caminhada, que começou com oito mil falashas, apenas quatro mil sobreviveram. E devido à *Operação Moisés,* um vasto programa foi realizado de novembro 1984 a janeiro de 1985, montado pelos EUA e Israel, para fazê-los retornar a Jerusalém, à Terra Santa, terra à qual sempre sonharam regressar.

[2] Sefarditas e sefardim fazem referência aos judeus originários da Península Ibérica, de alguns países mediterrâneos ou ainda do Sul da França. Enquanto asquenazim e asquenazitas significam os judeus originários da Alemanha ou Centro e Leste europeu.

fundamental em sua vida, funcionando como mentor e conselheiro. É nesse momento que se depara também com o que é ser diferente, o que é ser negro numa terra de maioria branca. Numa das cenas mais bonitas do filme, sua mãe israelense beija e lambe seu rosto na frente de sua escola, para mostrar às outras pessoas que seu filho não era doente, e sim diferente.

Ele tem ajuda do avô, pai de Yael, e vai para um *kibutz*.[3] A experiência nessa coletividade o fez sair transformado. Como os heróis que passam por testes e desventuras, Shlomo decide sair em busca de sua meta e, para isso, inverte a lógica do herói padrão de filmes de ação, não deseja vingança, não faz justiça com as próprias mãos. Aposta na educação e, tendo o suporte da família de classe média que o adotou, forma-se em Medicina na França. Essa família se define de esquerda e se opõe à política de ocupação dos territórios palestinos pelo governo israelense. No auge da juventude, participa de passeatas a favor do processo de paz, mas vivenciando um duplo dilema, em que a princípio adota uma posição conservadora, mas posteriormente a substitui por outra, em que suas raízes têm algo a dizer e a influência da família adotiva tem realmente um grande peso.

A família tem um papel essencial, pois ajuda a trabalhar uma série de anseios, conflitos, expectativas, e isso torna a vida de nosso herói mais leve em contraposição à turbulência em que parece estar sempre mergulhado. A descoberta do amor por Sarah e o amor dela por ele ao longo de dez anos pontuam o lado luminoso de sua existência. Ela apaixona-se por esse adolescente, e depois futuro marido, sacrifica-se por ele dando provas concretas ao ter de enfrentar a sociedade em razão do racismo, da discriminação do pai que não aceita o judeu de pele diferente. Ambos aqui evidenciam sua fragilidade diante da tragédia que é o racismo. Adquire consciência em forma de uma visão ampla do mundo, pois já tinha enfrentado questão racial para além da simples disputa pela afirmação de sua negritude.

---

[3] Comunidade agrícola de Israel combinando o socialismo e o sionismo trabalhista, a partir da coletivização da terra e da exploração do espaço e da repartição da produção, como forma de educar os israelenses na formação de seu Estado. É uma forma de coletividade comunitária israelense. Em nenhum outro país as comunidades coletivas voluntárias desempenharam papel tão importante como o dos *kibutzim* em Israel, onde tiveram função essencial na criação do Estado judeu. Os *kibutzim* forneceram a Israel uma parte desproporcionalmente importante dos seus líderes intelectuais, políticos e militares. Poderá ter contribuído, como poucas instituições em Israel, para cunhar a identidade cultural do país.

## O silêncio como resistência

O silêncio pode apresentar-se, em inúmeras situações, como um mecanismo de resistência com aguda perspicácia. Eizirik (1992, p. 23) afirma:

> Mas também tem um silêncio. O silêncio que marca a pausa e define o ritmo. Não por oposição ao som, como se poderia pensar, mas por aquilo que se escuta e aquilo que deixa de escutar.
>
> O que é deixado em silêncio, o que é calado, o não dito.[4] E é engolido? Ou mastigado e cuspido em fragmentos que como meteoros "atingem" o lugar onde caem? E quanto barulho é necessário para silenciar um campo de guerra? O silêncio, aqui, é uma fala muda. Uma fala muda que mesmo assim diz...

Podemos notar que ao longo do filme o silêncio, o não dito, acompanha Shlomo da infância até a adolescência.

O modo de transmissão é fundamentalmente não verbal, podendo ser veiculado em forma de comportamentos, palavras, manifestações corporais ou algo semelhante a uma montagem de cenas da vida familiar, nas quais cada membro ocupa um lugar e desempenha um papel para que o grupo continue junto. Isso forma parte dos mecanismos da censura familiar para proteger o vínculo. Não podemos esquecer que o mito familiar, na medida em que inclui convicções partilhadas e aceitas *a priori*, apesar de seu caráter de irrealidade, terá uma dimensão de sagrado ou tabu, não sendo questionadas para manter a homeostase[5] do grupo, evitando que este se deteriore ou corra riscos de destruição. Este seria um caminho possível que a psicanálise apresenta quando lança um olhar mais detalhado e ao fazer um trabalho de arqueólogo sobre a vida do sujeito.

Em vários momentos Shlomo não fala, passa a adotar o silêncio, manifesta seus conflitos de formas variadas. Porém, evidencia o turbilhão de sentimentos e uma inadequação à sua inserção no seio de sua nova família, com hábitos culturais muito diversos dos seus e para os quais tem dificuldade, de imediato, em adaptar-se. Sua reação à

---

[4] O não dito faz parte do discurso que certamente não é palavra. Na premissa: há impossibilidade, no discurso, de abarcar uma enunciação exaustiva, completa. Entende-se que o não dito é constituinte do discurso. Acrescente-se a isto a ideia de que, quando o não dito está vinculado à interdição da articulação de um significante essencial, produz sintoma.

[5] A homeostase pode ser definida como o equilíbrio necessário para a manutenção da vida.

rejeição ecoa no modo como, ao fazer as refeições, recusa os alimentos, mas, sobretudo, no espanto que lhe causa a quantidade de vezes em que se come e a fartura de comida nos pratos. Ele espanta-se com o chuveiro e o desperdício de água, algo inusitado para uma criança que vem de um país árido do continente africano. E como entender o modo como os israelitas dormem em uma cama com colchão e lençóis macios? Ele esperava todas as noites o momento em que os pais se despediam dele e voltava a dormir no chão duro, como fazia em sua cultura.

Faz-se necessária, portanto, a análise de seu comportamento para compreender os sintomas de sua rejeição. Para isso, é preciso desvendar um pouco de sua história, seu passado, seus hábitos e a articulação com a cultura de origem, para um maior entendimento de sua subjetividade. É a partir daí que sua mãe israelita faz uma busca por vivências culturais que pudessem facilitar a sua inserção no seio familiar e na sociedade como um todo. Shlomo manifesta sua agressividade com frequência e, por vezes, recorre à violência como forma de expurgar sua dissonância com o meio.

Como uma criança dá conta de sua origem e do lugar a ela destinado no desejo de seus pais? Como ela pode lidar com o que herda das gerações anteriores? Como descreveu Freud em *Romances familiares*[6] (1976, p. 81): "Ser filho de um outro que não os pais biológicos é uma fantasia bastante comum, que aponta para o fato de que a questão da origem para um sujeito sempre demanda uma boa dose de trabalho psíquico". Como filho adotivo de uma mãe da terra (Israel), que, mesmo ao saber que é adotado, não pode "acatar" as leis da terra, pois as leis do seu lugar de origem são outras. Ainda que Freud utilize termos

---

[6] As redes vinculativas são inicialmente protagonizadas na família e posteriormente reeditadas nos espaços afetivos a serem conquistados pelo sujeito. Em *Romances familiares*, escrito em 1908, Freud (1976, p. 56) resgata o conceito e os estágios do romance familiar do neurótico que se caracterizam pelas fantasias infantis e as descobertas realizadas acerca das qualidades e dos atributos dos seus pais. Crescer e se tornar livre da autoridade dos pais é uma etapa dolorosa, mas primordial no desenvolvimento do sujeito; pois, segundo Freud, o progresso da sociedade está assentado na oposição entre as sucessivas gerações. Entretanto, uma classe de neuróticos falha nessa tarefa e desenvolve uma atividade imaginativa estranhamente acentuada. A cogitação mais segura aponta para os sentimentos de estar sendo negligenciado ou não receber o devido amor dos pais ou, ainda, ter de dividi-lo entre os irmãos como as fontes produtoras de ansiedade e devaneios até o início da puberdade.

ou definições que agregam as psicopatologias do neurótico à família de origem, é importante salientar que a obra traz à tona a família e seus genetogramas afetivos, e não apenas hereditários ou biológicos. Na composição dos romances, as personagens adaptam-se a papéis e sofrem suas paixões, encenando enredos reparatórios ou mesmo dissimulados e destrutivos. As possibilidades vinculativas elementares na constituição do sujeito psíquico e os processos de identificação, inerentes ao desenvolvimento humano, permitirão a introjeção de objetos preponderantemente bons e gratificantes ou maus, danificados e persecutórios.

Nessa família, é patente a necessidade de Shlomo de restabelecer vínculos, recriando-os e reinventando-os. Foi salientado o desejo de novas formas de aproximação afetiva e as modalidades de cultivar-se a paciência, a compaixão e a gratidão. Os riscos e os medos estiveram centrados na condução fragmentada com que lidaram com seus problemas e desafios, mas, gradativamente, a família movimentou estratégias de aproximação com Shlomo na criação de vínculos.

Seu grande aliado é a sua família, o casal Yoram e Yael, que o adotou e o cria como um filho, e seus irmãos. Todo esse suporte impulsionou sua trajetória de vida. Ele, como negro e com *"status"* de refugiado, deseja é ser aceito, e ter a sensação de pertencimento em um grupo nada mais é que uma estrutura que sedimenta nossa vida em sociedade. Ele busca ser acolhido, como vítima do conflito entre EUA/União Soviética durante a Guerra Fria, e foi justamente nas mãos dos judeus, que têm todo um histórico de perseguição, que ele aprendeu o que é o preconceito.

## Construindo teias entre a identidade pessoal e a identidade cultural

O diretor romeno-israelense Radu Milhaileanu demonstra uma grande sensibilidade ao enfocar a busca pela identidade. Talvez Radu tenha se inspirado na própria vida. O diretor saiu da Romênia quando pequeno para morar com seu tio na França. Emigrou em busca de condições de vida mais favoráveis. Partiu sozinho. Nem os pais nem o irmão puderam ir. Ele pensou que nunca mais os veria. Foi duro chegar a um país [França] onde todos debochavam do seu forte sotaque e onde a sociedade era muito diferente. Os romenos são mais calorosos, festeiros. Em Paris, a sociedade era mais reservada, menos exuberante. É reconfortante verificar as conexões entre sua história pessoal de emigrante e o alto custo pessoal para todos os que se exilam, tão bem revelado no heroísmo da personagem Shlomo, na forma como o tratou na busca por sua identidade, por um caminho de vida tão desafiador. E é esse amálgama que faz do filme uma obra-prima, dessas para se assistir várias vezes, tal a contundência com que narra sua história. A narrativa possui inúmeros gêneros, que apresentam os diferentes momentos pelos quais Shlomo passará. Assim, a sua saga é dramática, lírica, transportando o espectador para a aventura da personagem, sem pausas.

A identidade pessoal é um processo ativo que decorre até o fim da nossa vida e designa o conjunto de percepções e sentimentos que temos em relação a nós próprios, que nos permite reconhecer e ser reconhecido socialmente. Neste processo atuam fatores psicológicos e sociais. Tem como principais características: estabilidade, continuidade, unicidade, diversidade, realização e autoestima. A identidade constrói-se no processo de socialização, pelo que se atualiza até a morte. As relações precoces vão ser importantes, pois as boas relações precoces conferem ao bebê um sentimento de identidade que vai ser construído em várias fases da sua vida: na adolescência (processo de identificação/diferenciação) e na fase adulta. A construção da identidade está sempre marcada pela relação de interação com os outros. Como tal, a identidade de cada um possui uma componente social, uma vez que a forma como nos vemos e a opinião que temos de nós mesmos é muito influenciada pelo modo como os outros nos encaram e julgam. Em suma, a identidade constitui-se como a interpretação da sua história de vida (as experiências vividas pelo sujeito) e, no seu processo de construção, estão envolvidas as dimensões biológica e relacional.

Tendo descrito algumas das concepções sobre identidade pessoal, da qual o sujeito se insere na pós-modernidade, proponho uma articulação com a identidade cultural. A identidade cultural designa o conjunto de valores que o sujeito partilha com a comunidade a que pertence que, inevitavelmente, permitem que ele se reconheça nessa mesma comunidade.

Na modernidade, as culturas nacionais em que estamos inseridos se apresentam como uma das principais fontes de identidade cultural. Elas "facilitam" a nossa definição em relação aos outros. Quando falamos que somos judeus ou franceses, parece uma categorização que fecha e encerra a identidade no nosso histórico. Porém, sabemos que essas identidades são soltas; elas não são formatadas *a priori*.

Segundo Stuart Hall (2002, p. 8),

> Uma identidade cultural enfatiza aspectos relacionados a nossa pertença a culturas étnicas, raciais, lingüísticas, religiosas, regionais e/ou nacionais. Para ele, a nação é além de uma entidade política – o Estado –, ela é um *sistema de representação cultural* (grifos do autor). Noutros termos, a nação é composta de representações e símbolos que fundamentam a constituição de uma dada identidade nacional.

Como podemos observar no filme, o protagonista da história sabe que nasceu na Etiópia e vai para Israel, outra configuração de nação, que é representada como uma série de conjuntos de significados pela cultura israelita. Nesse sentido, Shlomo vai ser reinserido em uma "segunda nação" que não é apenas a que configura o que são os israelenses. O novo país para ele é sua nova comunidade simbólica e isso explica um forte apelo para fazer nascer um sentimento de lealdade e identidade. As culturas nacionais vão se apresentando de diversas maneiras; essa lealdade ao que significa "ser judeu" se tipificou, e apresenta-se como um conjunto de significados da nação judaica que não é apenas uma entidade política, mas algo que produz sentidos.[7] Sendo o sujeito inserido em Israel, esse pertencimento nessa comunidade simbólica vai sendo feito gradativamente.

A questão que Shlomo (o cristão que se finge judeu) propõe é o da identidade de um ser humano, para além do povo judeu. Hoje, temos todos uma identidade específica e profunda, de um lado, que vem da família, da cidade, do país, da cultura em que nascemos e, de outro lado, abraçamos muitas outras identidades. O filme coloca essa questão. Shlomo é cristão, etíope, africano e vai tornar-se também judeu, israelense, francófono.

Nesse sentido, ao refletirmos sobre a formação da identidade moderna equivaleria a refletirmos sobre a origem dos conflitos contemporâneos. Os conflitos no mundo atual vêm da questão da identidade e

---

[7] Esses sentidos estão contidos em histórias, memórias e imagens que servem de referências, de nexos para a constituição de uma identidade da nação. Cf. Stuart Hall (2002, p. 52).

da aceitação do outro. O fanatismo mundial – muçulmano, cristão ou judaico – vem do fato de que não aceitamos o outro, a diferença. Não aceitamos o fato de que nós estamos nos tornando outros. O significado de ser judeu aponta para um entendimento de como se encontra estruturada a sociedade em Israel e amplia a análise de alguns de seus traços culturais. A sociedade israelense tem quatro mil anos de tradição e nela o pertencimento do sujeito está intrinsecamente ligado à religião, ao povo e à região geográfica. A formação dessa cultura nacional está assente em diversas fontes; a língua (hebraico) atua como uma forte fonte de significados culturais e assume como tal uma identificação automática. Israel é o único país no mundo onde a vida gira em torno do calendário hebraico, férias de trabalho e escolares são determinadas pelas festas judaicas, e o dia oficial de descanso é o sábado, o *shabat*.

### O mosaico cultural israelense

Israel apresenta-se como complexa em sua estrutura milenar. Nessa sociedade convivem judeus dos mais variados países, do Leste Europeu à Rússia europeia, das Américas à África. É uma cultura pluralizada, pois os judeus de todo o mundo trouxeram suas tradições culturais e religiosas com eles, criando um caldeirão de crenças e costumes judaicos. Israel é o único Estado do mundo predominantemente judeu, com uma população de cerca de 7,5 milhões de habitantes, dos quais aproximadamente 5,62 milhões são judeus. A maior minoria étnica do país é o segmento denominado como árabes israelenses, enquanto grupos religiosos minoritários incluem muçulmanos, cristãos, drusos, samaritanos e outros, a maioria dos quais são encontrados dentro do segmento árabe. O moderno Estado de Israel tem as suas raízes históricas e religiosas na bíblica Terra de Israel (*Eretz Israel*), um conceito central para o judaísmo desde os tempos antigos, e no coração dos antigos reinos de Israel e Judá.

Tal é a quantidade de procedências que as únicas formas de identificar a origem dos judeus que chegam a Israel é levantando os nomes do país, dos irmãos e dos avós e observando se estes conhecem a cultura judaica através de trechos da Torá, o livro sagrado israelense. É nesse contexto que o protagonista se vê inserido e terá de ambientar-se.

Shlomo é apenas uma criança em Israel; ele não conhece o histórico de formação do Estado em que habita. Nesse sentido, figura como um sobrevivente, um cristão que na primeira aula em que deveria falar sobre a Torá revela a falta de conhecimento do livro sagrado do judaísmo. Por um longo período, ele sente-se estrangeiro na sua nova terra.

O filme também capta os contextos sociopolíticos de uma região no Oriente Médio onde os conflitos religiosos são capazes de causar atritos que muitas vezes acabam em conflitos bélicos. E é nesse contexto em que, já adulto, Shlomo entra para o Exército israelense como médico. Numa das cenas finais, ele é questionado por seu superior ao atender uma criança palestina que estava ferida, e que sua função ali era cuidar apenas dos soldados israelenses. "Entende?", pergunta o seu superior ao final da conversa, mas ele não entende o mundo pelo ângulo da diferença. Ninguém consegue entender até hoje. Fica sem sentido em um mundo ainda cheio de preconceitos.

Podemos observar que o menino etíope passa por um choque cultural, mas a maneira como ele opera nesse ambiente social aponta a resistência que uma cultura representa ao se transformar em uma identidade. Essa espécie de carimbo que nos remete ao passado faz Shlomo resistir. Mesmo que adquira os preceitos judaicos, a lembrança de sua mãe acaba por fortalecê-lo. Se pensarmos na cultura como forma de resistência, constatamos que ela não permitirá que o etíope desista de sua missão. Não esqueçamos que seu país, com uma história milenar, foi "esquecido" pelo mundo, mas que seu povo tem uma surpreendente capacidade de resistir. É justamente por isso que cada momento de sua vida o faz refletir sobre suas raízes, preservando sua identidade cultural. Nesse processo de busca de entendimento sobre si, ser persistente auxilia-o a estruturar-se como sujeito. Por isso, optou pelo retorno ao seu país, em um duplo reencontro: com a sua mãe e sua terra de origem. Voltar a um campo de refugiados onde pudesse contribuir como médico reforçou sua escolha por ajudar seu povo e um reencontro consigo mesmo.

Essa interseção de "nosso herói" na identidade judaica não pode ser separada de sua matriz africana, com seus mitos, origens e tradições. Como argumentou Stuart Hall (2002, p. 71):

> Todas as identidades estão localizadas no espaço e no tempo simbólicos. Elas têm aquilo que Edward Said chama de suas "geografias imaginárias" (SAID, 1990, p. 37): suas paisagens "características, seu senso de "lugar", de "casa/lar", bem como suas localizações no tempo.

Outro fator que contribuiu para identidade cultural de Shlomo foi a figura mítica do mentor, o guia espiritual dos falashas, Ues, que será o ponto de ligação com sua mãe, entre a sua nova terra e a busca de uma nova identidade. Sutilmente, os guardiões vão sobressaindo (o rabino e pai de Sarah) e os mentores (Yael, o avô, Ues, o delegado) vão apresentar as grandes diferenças entre ele, negro, e a estrutura sociorracial israelense.

Judeus de outras nações também têm um tratamento diferenciado. Verificamos que logo após ser rejeitado pelo pai de Sarah, Shlomo entra numa delegacia disposto a revelar seu segredo. Entendia que se o revelasse colocaria um fim a seu tormento. Diante do delegado judeu de origem polonesa, ouve que ele também passara por problemas semelhantes de rejeição quando chegou a Israel.

## O cômico e o trágico pelas lentes da psicanálise e da filosofia

Não poderia deixar de pontuar algo que também me chamou a atenção: o título do filme. No original em francês, o filme chama-se *"Vá, viva e transforme-se"* (*Va, vis et deviens*) mas o título brasileiro é "Um herói do nosso tempo". No título original, as três palavras são os três períodos de sua vida: "vá" é a infância, "viva" é a adolescência, onde ele descobre o amor, e "transforme-se" é a idade adulta, em que ele aprende o que deve ser. Sua busca e seu desenvolvimento como ser humano se veem refletidos no filme. No entanto, o título brasileiro quer despertar um interesse ainda maior no espectador; quer transmitir a imagem de um filme épico, de uma história epopeica, de uma vida inteira. É como se o título tivesse um valor um pouco filosófico e um pouco trágico, como a vida de Shlomo.

Quando tratamos de inventariar as contribuições que a filosofia e a psicanálise poderiam trazer para iluminar o que por vezes não está a descoberto, encontramos uma reflexão interna e rica sobre a articulação entre o trágico e o cômico. Aqui não se trata de encontrar uma espécie de antologia de piadas, mas sim tentar compreender o papel que o humor tem como prática do cotidiano de todos nós, bem como ajudar na compreensão de um elemento muito próprio da cultura judaica, na qual Shlomo estava inserido.

O cômico e o trágico articulam-se na psicanálise e poderia ser diferente? Lembrando que a literatura grega separava dois gêneros literários como espelhos de personagens de estratos sociais diferentes (reis e heróis de um lado; gente humilde de outro). Como poderia a psicanálise lançar mão da tragédia clássica e moderna (Édipo e Hamlet) para compreender o homem vulgar e moderno sem incorrer em confusão? Esse *ir e vir* entre o passado e o presente poderia comprometer a iniciativa teórica da psicanálise. Mas nosso mundo moderno não nos obriga a lidar com esse *ir e vir* a todo instante? Verificamos em *Um herói do nosso tempo* um sujeito que quer afirmar sua condição, porém, percebe que a rigidez do mundo à sua volta muitas vezes aponta para um mundo do individualismo "negativo", e nesse momento não somos todos reis tragicômicos, condenados ao *non-sense*?

"Aquele que deixa, dessa forma, escapar inopinadamente a verdade na realidade está feliz em tirar a máscara" (FREUD, 1974, p. 188).

Muitas vezes o humor ou a ironia ignoram distâncias históricas, uma aproximação muitas vezes refletida pela análise. Uma nova prespectiva abriria caminho para um rio e choro do mundo contemporâneo. Fazer humor não basta para fazer face à "maré alta" da alienação. Desde a origem da filosofia grega, o saber racional se complementava numa "medicina da alma". E os filósofos eram terapeutas por meio do *logos*. A filosofia era essencialmente uma forma de tentar compreender-se e modificar sua própria vida em direção ao bem-estar ou à saúde da alma. Numa palavra: mudar a vida, diante da crescente dificuldade de transformar o mundo.

Quando o "herói" faz esse percurso no filme, ao apreender os códigos culturais judaicos, isso evidencia sua identificação e a formação de sua identidade que conjuga aspectos marcantes de um povo que fez uso dos livros e do humor como forma de resistência. O humor judaico[8] funciona como um fator de inserção na comunidade. Ele está presente na cultura de Israel com inúmeras influências que perpassam todas as esferas sociais.

---

[8] O humor que hoje chamamos de "judaico" nem sempre esteve associado ao judaísmo. Nos textos clássicos da Bíblia e, posteriormente, do Talmude, o humor é sutil e serve, na maioria das vezes, aos propósitos religiosos ou pedagógicos. Porém, ao longo dos tempos, o humor judaico foi adquirindo corpo, manifestando-se como autocrítica e reflexão. O humorista ri de si próprio, e o humor funciona, para um grupo humano frequentemente perseguido, humilhado e às vezes ameaçado de extermínio, como defesa contra o desespero. Esse tipo de humor nasceu como resposta às duras condições de vida, às perseguições, aos *pogroms* que se abateram sobre judeus na Europa. Também como resposta à pobreza, à perseguição e ao preconceito, daí o seu caráter, de certa maneira, melancólico.

O humor judaico foi objeto de análise de Freud em *Os chistes e sua relação com o inconsciente*, publicado em 1905, e também em "O Humor", que data de 1927. No primeiro, Freud ressalta a "necessidade psicológica" do sujeito no processo formador do chiste, tendência a uma significância. Assim, a atribuição de um sentido a um comentário e a descoberta nele de uma verdade, até então inconsciente, são aspectos que revelam o chiste em seu caráter revelador do "impossível", do inacessível pelas vias comuns do pensamento.

> Esse humor judaico, de certa forma, espelha a história do povo judeu, reflete suas alegrias, angústias, anseios e desalentos. Além disso, revela os períodos, ainda que efêmeros, de bem-estar econômico e social. Reflete, ainda, a capacidade judaica de fazer graça de suas próprias particularidades, de notarem suas qualidades e defeitos, de se colocarem como objeto de crítica (SPALDING, 1997, p. 127).

Ironia e sarcasmo, mesclados à sabedoria, acompanham o humor judaico há séculos. Apesar das diferenças e da distância entre os antigos povoados do Leste Europeu e da agitação frenética das metrópoles americanas devem ressaltar-se algumas características do humor que poderiam ser chamadas de tipicamente judaicas. Esse humor giraria em torno de todos os aspectos da vida, bem como da cultura, de valores, de símbolos, não se limitando, no entanto, apenas às fontes judaicas, porque também se inspira na sociedade em geral, envolvendo as complexidades da mente. Recheado de sarcasmo, o humor judaico tende a ser antiautoritário, expondo a hipocrisia e satirizando a pompa e a grandiosidade. A crítica é sua maior marca; é o fundo crítico que figura por trás das ironias, das inversões, dos duplos sentidos, das imagens, e de todos os outros recursos do humor.

> Uma característica do humor judaico é, portanto, a neutralização da realidade trágica através da comicidade, sendo muito mais uma defesa contra o sofrimento do que uma ameaça ao agressor. Dessa maneira, surge o que se chama de "humor do absurdo", que é intelectualizado e reflexivo. Ironia, crítica, sutileza e leveza são marcas, portanto, desse tipo de humor, um humor agridoce, que provê uma defesa contra o desespero, contra a morte (NASCIMENTO, 2005, p. 42).

## O mito e o herói e sua produção simbólica

Mitos são histórias de nossa busca da verdade, de sentido, de significação, através dos tempos. Todo humano precisa contar e compreender sua história. Necessita elaborar e enfrentar o nascimento e a morte, e todos nós precisamos de auxílio para essa jornada que a vida nos propõe. Os mitos funcionam como um modelo que nos convidam a descobrir quem somos, a desvendar o mistério, o eterno e o alto poder de significação.

Uma das funções dos mitos é de ordem sociológica – suporta e valida determinada ordem social. E aqui os mitos variam profundamente, de lugar para lugar. Depende do lugar onde o sujeito estiver. Foi essa função sociológica do mito que assumiu a direção do nosso mundo. Traçar princípios éticos que salvaguardem o nosso *modus vivendi*.

Mas existe uma função do mito, aquela, com que todas as pessoas deviam tentar se relacionar – a função pedagógica, como viver uma vida humana sob qualquer circunstância. Os mitos podem indicar e ensinar modos de ação mediando nossos primeiros contatos familiares, com a civilização e a lei.

A travessia e viagem são marcantes na construção dos mitos e sua influência no entendimento e no ordenamento das vidas nas mais diversas culturas. E ambas ilustram metaforicamente, e não só, o percurso empreendido por nosso herói.

A saga do protagonista é a de um herói que descobriu ou realizou alguma coisa além do nível normal de realizações ou de experiência. O herói é alguém que deu a própria vida por algo maior que ele mesmo. Há dois tipos de proeza. Uma é a proeza física, em que o herói pratica um ato de coragem, durante a batalha, ou salva uma vida. O outro tipo é a proeza espiritual, na qual o herói aprende a lidar com o nível superior da vida espiritual humana e retorna com uma mensagem.

A façanha convencional do herói começa com alguém a quem foi usurpada alguma coisa, ou que sente estar faltando algo entre as experiências normais dispostas ou permitidas aos membros da sociedade. Ele então parte para uma série de aventuras que ultrapassam o usual, quer para recuperar o que tinha sido perdido, quer para desvelar algum sentido na vida. Geralmente, perfaz-se um círculo, com a partida e o retorno.

Podemos observar no filme o caminho percorrido por Shlomo desde a infância até se tornar um jovem adulto, como sua personalidade se vai transformando e a psique infantil retorna como adulto responsável. Essa é uma transformação psicológica fundamental, pela qual todo indivíduo deve passar. Na infância, vivemos sob a proteção ou a supervisão de alguém; só mais tarde, teremos autonomia para prosseguir nossos desígnios. Quando se torna universitário, e na conclusão de seu curso, isso ganha outro sentido, passando a ser autorresponsável, um agente livre. Evoluir dessa posição de imaturidade psicológica para a coragem da autorresponsabilidade e a confiança exige morte e ressurreição. Esse é o motivo básico do périplo universal do herói – ele abandona determinada condição e encontra a fonte da vida, que o conduz a uma condição mais rica e madura.

Então, mesmo não sendo herói, no sentido de redenção da sociedade, observamos como Shlomo teve de enfrentar esse périplo, no interior dele mesmo, espiritual e psicologicamente. Por isso esse filme nos leva a criar uma forte ligação com o herói, que de alguma forma funciona como um espelho de nossas próprias vidas, pois afinal não seriamos todos nós heróis ao nascer, quando enfrentamos uma tremenda transformação, tanto psicológica quanto física, deixando a condição segura no útero da mãe, para assumirmos, daí por diante, a condição de mamíferos que respiram o oxigênio do ar e que, mais tarde, precisarão erguer-se sobre os próprios pés.

Mas, para além disso, ainda havia uma longa jornada a ser empreendida, com muitas provações, testes e experiências penosas para o herói. E, para termos um entendimento do que significa ser um herói, colocamos as coisas em termos de intenções. As provações serão concebidas para ver se o pretendente a herói pode realmente ser um herói. Ele deverá estar inteiro e entregue a essa missão. Terá de passar por todas as adversidades com bravura, sabedoria e habilidade. No caso da cultura judaica onde ele se vê inserido, temos de ressaltar o peso da religião, na formação da sociedade. A religião ensina que as provações da jornada heroica são partes significativas da vida, e que não há recompensa sem renúncia, sem pagar o preço. E os heróis da tradição judaica enfrentam duros testes antes de chegar à redenção.

Então, a cada etapa na sociedade israelense, no seio de sua nova família, o herói é movido por alguma coisa, ele não vai em frente apenas por ir, não é simplesmente um aventureiro. Shlomo escolhe realizar certa narrativa, prepara-se responsável e intencionalmente para realizar a proeza. A busca pela mãe é uma missão heroica, missão de procurar o seu próprio horizonte, a sua própria natureza, a sua própria fonte. É o feito típico do herói – partida, realização, retorno. Nesse sentido, ele acaba por ser uma fonte de aprendizagem para todos nós, na medida em que amplia nossos horizontes de possibilidades na vida. Essa é a figura-chave do herói que ele nos inspira.

Está no interior de cada um a capacidade de reconhecer os valores da vida, para além da preservação do corpo e das ocupações materiais do dia a dia. Os mitos estimulam a tomada de consciência da sua perfeição possível, a plenitude da sua força, a introdução da luminosidade no mundo. Os mitos nos arrebatam, no mais íntimo de nós.

## Referências

CAMPBELL, Joseph. *O herói de mil faces*. São Paulo: Cultrix, 1992.

CAMPBELL, Joseph. *O poder do mito*. São Paulo: Palas Athena, 1990.

EIZIRIK, Marisa. *Educação e prática disciplinar: um estudo das relações de poder e saber*. Relatório de Pesquisa - UFRGS/PMPA - RS,1992.

FREUD, Sigmund. *O mal-estar na civilização*. Rio de Janeiro: Imago, 1997.

FREUD, Sigmund. O Humor. In: *O futuro de uma ilusão, O mal-estar na civilização e outros trabalhos*. Tradução José Otávio de Aguiar Abreu. Rio de Janeiro: Imago, 1974. p. 188-194. (Obras Psicológicas Completas de Sigmund Freud; 21.)

FREUD, Sigmund. *Romances familiares*. Rio de Janeiro: Imago, 1976a. v. 9. (Edição Standard Brasileira.)

FREUD, Sigmund; STRACHEY, James; FREUD, Anna. *Os chistes e a sua relação com o inconsciente*. Tradução Margarida Salomão. Rio de Janeiro: Imago, 2006. (Obras Psicológicas Completas de Sigmund Freud; 8.)

HALL, Stuart. *A identidade cultural na pós-modernidade*. 3. ed. Rio de Janeiro: DP&A Editora, 2002.

NASCIMENTO, Lyslei. *O trem da vida*: leveza, humor e *Shoah*. In: NASCIMENTO, Lyslei. *Estudos Judaicos*: ensaios sobre literatura e cinema. Belo Horizonte, 2005.

SPALDING, Henry D. *Enciclopédia do humor judaico*: dos tempos bíblicos à era moderna. São Paulo: Sefer, 1997.

# Entre o partir e o (re)partir laranjas: a família sob o olhar da criança em *A culpa é do Fidel!*

Carlos André Teixeira Gomes
Inês Assunção de Castro Teixeira
Marcos Daniel Teixeira Gomes

> *¡Ay Carmela! ¡Ay Carmela!*
> *Pero nada pueden bombas*
> *Rumba la rumba la rumba la*
> *Donde sobra corazón*
> *¡Ay Carmela! ¡Ay Carmela! ¡Ay Carmela! ¡Ay Carmela!*[1]

> *Quando se tem um pai como o meu, e com o que herdei dele, percebi que quero fazer filmes sobre temas importantes, mas não do jeito que ele faz. Acho que usar o humor e a leveza foi o que encontrei como um jeito meu de falar sobre esses assuntos.*
> Julie Gavras[2]

Sob a câmera que espreita a partir da criança, o cinema interroga a família. Cineasta e espectadores acompanham uma garota, com ela

---

[1] Trecho de "¡Ay Carmela!", canção popular espanhola, conhecida em diversas versões e diferentes títulos. A música foi muito cantada durante a guerra civil espanhola pelos opositores do ditador Franco. No filme *A culpa é do Fidel!*, em uma cena tensa, na qual Anna escuta uma forte discussão entre seu pai e sua mãe, ela começa a cantar essa canção com sentimento e bravura, como se os repreendesse.

[2] Julie Gavras é filha do renomado diretor de grego Costa-Gavras, notabilizado pela produção de filmes com forte teor político e social, entre os quais se destaca sua trilogia sobre as ditaduras: *Z* (1969), na Grécia, *Estado de Sítio* (1972), no Uruguai, e *Desaparecido* (1982), no Chile. A referida entrevista foi realizada por Marco Tomazzoni em 26 de outubro de 2011, por ocasião da Mostra de Cinema de São Paulo. Disponível em: <http://ultimosegundo.ig.com.br/mostracinemasp/julie-gavras-faz-rir-para-falar-de-temas-importantes-leia-entrevista/n1597321167670.html>. Acesso em: 15 jan. 2012.

se movendo e comovendo nos tempos e espaços familiares. Dessa janela, Julie Gavras traz à tela uma menina que observa e questiona o que se passa, ativamente. Uma trama na qual o universo e a dinâmica familiar e infantil passeiam entre questões políticas e o cotidiano de um grupo familiar envolvido, como outros, em harmonia e dissonância, em amorosidade e esperança, em palavras e silêncios. Vagando entre o que se revela e o que se esconde, entre alegrias e dificuldades, entre valentia e leveza, a família se deixa apreender pela câmera na narrativa fílmica, transitando entre luz e sombra, planos e sequências, imagens e som (de)cifrados entre metáforas.

Argumento e roteiro dessa obra-prima de Julie Gavras compõem uma história de família, na qual Anna de la Mesa é a personagem central: uma menina valente, esperta, curiosa, brava e meiga, ao mesmo tempo. Uma verdadeira dama de nove anos, numa admirável interpretação de Nina Kervel. Lançado em 2006, *A culpa é do Fidel!*[3] é o primeiro longa de ficção da diretora, no qual a família aparece, uma vez mais, como um porto de chegada da criança, sua ancoragem. E, para além de uma ficção, o filme está ligado a histórias familiares. Seja porque contém elementos biográficos e histórias de famílias de Julie Gavras e de Domitilla Calamai, a italiana que escreveu o romance *Tutta colpa di Fidel,* que inspirou a cineasta nesta sua livre adaptação do livro para o cinema; seja porque Julie é filha do grego Costa-Gavras, um grande diretor do cinema mundial, do qual herdou o gosto e cultura cinematográficos; seja porque inúmeras famílias que criaram seus filhos nos idos de 1960 e 70, dividindo-se entre as responsabilidades familiares e a militância política, veem-se projetadas na tela com suas próprias histórias.

## Anna entre pais, avós, babás, freiras, barbudos. E laranjas

> Filomena, a babá cubana, em pé junto à mesa de refeições, nervosa, fala com Anna, que ao lado do irmão olha atentamente para ela: Tem coisas

---

[3] O filme *A culpa é do Fidel!* é uma produção franco-italiana de 2006, com título original em francês: *La faute à Fidel!*. Trata-se de uma obra com direção e roteiro de Julie Gravas, a partir de uma interpretação livre do livro da jornalista italiana Domitilla Calamai, publicado no mesmo ano: *Tutta colpa di Fidel*. Apesar de livro e filme não serem exatamente obras biográficas, Domitilla e Julie reconhecem haver muito de semelhante entre a família do filme e as suas, pois, assim como Anna, ambas viveram angústias e alegrias de filhas de militantes políticos.

que não devemos falar. Anna: Por quê? Filomena: Estas histórias dos comunistas na família. Anna: De quê? Filomena: Comunistas! "Los barbudos!" Tive que sair de Cuba por causa do Fidel. Eles pegaram minha casa, minha terra, tudo! Malditos! Malditos sejam! Quase provocaram uma guerra nuclear [...]. Em outra cena adiante, Filomena completa: Tudo isso é por culpa delas. Seus pais disseram que não podem mais me pagar. Mas eu sei que fui demitida. Eles viraram comunistas! Anna: É por isso que vamos mudar? Filomena: Eu e você somos iguais. Eu tive que sair de Cuba, fui expulsa da minha casa. E você também vai ter que abandonar sua casa. Tudo isso por causa do Fidel! Ele deixa todos loucos! Anna: Então, a culpa é do Fidel!

O filme transcorre nos anos 1970/71. É sensível, inteligente, humorado, singelo e provocativo. Tem uma linguagem direta, simples e clara e uma característica estético-narrativa: tudo observa pelos olhos da menina. A câmera está quase sempre colocada na altura do seu olhar.

Os filmes que apresentam o olhar e a perspectiva de algumas das personagens foram e são comuns na história do cinema. Também não são raras as tramas protagonizadas ou narradas por crianças. Contudo, esse trabalho de Julie Gavras tem uma inovação técnica que ela mesma destaca. Ao lado do frequente uso da câmera subjetiva, quando o espectador é colocado nos olhos da personagem, a diretora utiliza o enquadramento da câmera objetiva de forma inovadora. Se esse tipo de filmagem apresenta a imagem como se o espectador fosse um observador que não participa da cena, em *A culpa é do Fidel!*, para reforçar a ideia de que a película apresenta o olhar da menina, a câmera objetiva é quase sempre colocada à altura dos olhos da criança. É como se o espectador não apenas observasse a partir dos olhos de **Anna**, mas como se ele mesmo fosse uma criança a observar a cena.

**Em** todo o filme destaca-se o precioso trabalho de Nina Kervel, **que nos o**ferece um dos grandes momentos das interpretações infantis **da históri**a do cinema. Em algumas cenas, a garota nem precisa falar: **suas express**ões faciais, seu olhar, seu corpo e movimento revelam seu **pensamen**to, seus sentimentos, sua dramática, sem qualquer sofistica**ção ou rec**ursos especiais, em gestualidades que parecem espontâneas **e próprias** da garota, não da atriz. Entre luzes e sombras, entre tomadas **em diferent**es planos, vamos percorrendo o cenário e assistindo a cenas **das vidas** das famílias, com suas personagens, temporalidades, espaços, **mobiliários** e objetos da casa. Em algumas sequências fílmicas estão, também, o colégio das freiras onde Anna estudava e seus coleguinhas, os corredores da escola, o pátio, a sala de aula, as carteiras, os cadernos e demais equipamentos.

Embora seja montado com som ambiente em sua maior parte, há no filme algumas sequências nas quais se ouve a música original, de Armand Amar, além de outras inserções musicais instrumentais, que redesenham as imagens, dando-lhes mais intensidade, tensão e emoção, conforme o que se pretende mostrar ou evocar.

Anna e François, seu irmãozinho, são filhos de um casal cujo pai, Fernando, é um advogado. E a mãe, Marie, francesa, é jornalista. Ambos deixam seus empregos e se envolvem não somente com a família, mas com questões e lutas político-sociais de resistência ao fascismo espanhol, de apoio à eleição e ao governo de Salvador Allende, no Chile, e com lutas feministas.

A chegada à casa das crianças de Marga, irmã do pai da garota, com sua filha Pilar, fugidas da Espanha, pois Quino, cunhado do pai de Anna, foi assassinado pelo franquismo, ao lado da nova militância de seus pais, transtornam o cotidiano, os costumes e o ambiente das duas crianças. Depois de uma viagem ao Chile, havendo deixado Anna e François com a babá, Fernando e Marie retornam à nova casa, surpreendendo a menina: o pai está com uma barba igual à dos "comunistas barbudos", como lhe havia dito a babá Filomena, fugida de Cuba.

Na nova moradia e com a situação de seus pais, que agora têm menos dinheiro e são militantes, Anna tem perdas e restrições: a babá cubana é demitida; os pais a proíbem de frequentar o catecismo na escola, pois ela não quer ir para outro colégio até então; a menina não pode mais ler o Mickey; o contato com os avós maternos na bela mansão em Bordeuax tornam-se raros. Os "barbudos" e as mulheres que sua mãe está entrevistando para o livro que começa a escrever agora frequentam sua casa e ela tem de dividir seu quarto com o pequeno François, entre outras de suas dificuldades. Num primeiro momento, Anna se opõe a tudo isso, resistindo bravamente às mudanças, por vezes reclamando aos gritos com seus pais, como na cena dizendo: "Pelo menos eles não falam em espírito de grupo: eu quero ficar com a vovó!".

Quanto à tia Marga, à prima Pilar, aos outros novos "habitantes" da casa e às duas babás que seguem – primeiro uma da Grécia e depois a do Vietnã –, Anna os rejeita a princípio, mas aos poucos se deixa conquistar por suas histórias. A garota vai vivendo sob novas e diferentes influências. Histórias sobre princesas e sobre a origem do mundo eram suas preferidas, contudo os enredos das duas novas babás não são mais sobre princesas, mas sobre mitologia grega, sobre sapos e sobre imperadores chineses. E a origem do mundo tem uma versão muito diferente da que ouviu na escola. Vê-se, ainda, que não somente a babá cubana e a avó materna,[4] mas os companheiros de seus pais lhe explicam o que é o comunismo, mediante suas perguntas, porém com visões muito distintas.[5]

Com seu pai e sua mãe são diversos os momentos, situações e viveres de Anna e do pequeno François no dia a dia da família. Embora o pai tenha alguns momentos de nervosismo e autoritarismo com a filha e a esposa, inclusive com momentos de machismo segundo Marie, e apesar das proibições que fazia às crianças, Fernando é amoroso em suas palavras, silêncios e gestos. Entre brincadeiras e conversas, eles riem e se enredam em afetos, alegrias e conversas nos quais Fernando e Marie sempre respondem às perguntas de Anna, sem mentiras. A mãe, diferentemente do pai, tem poucos momentos de impaciência. Está sempre conversando, explicando, escutando a menina, que não apenas lhes faz frequentes perguntas, como também sempre gosta de

---

[4] Em uma de suas conversas com a avó materna, que arruma a roupa da casa no armário com a menina em pé ao lado, Anna pergunta: Vamos levar isso para a igreja? Avó: Primeiro vou ver se a Sylvia e o Pierre querem alguma coisa. Anna: Mas a igreja não dá para os órfãos e para os pobres? Avó: Por que está perguntando isso? Nós já fizemos isso! Anna: Você acha certo dividir as terras de quem tem mais com quem tem menos? Avó: Isso são ideias dos seus pais. Anna: Você acha que eles são comunistas, é isso? Quem são os comunistas, vovó? Avó: Estudantes, operários, são pessoas comuns. Mas a maioria é pobre. Anna: O que eles querem? Avó: Tudo! Nossas casas, nossas vinhas, nossas roupas, dinheiro e seus brinquedos. Anna: Por quê? Avó: Porque eles não gostam de nós, eu acho. Anna: Eles não gostam da gente? A gente dá leite e roupas para eles, trata bem e eles não gostam da gente?

[5] Na sequência em que Anna está assentada à mesa junto com os chilenos, companheiros de seus pais, há um importante diálogo entre eles. Anna pergunta: Vocês são barbudos? Um dos "barbudos": Que história é essa de barbudos? Anna: Barbudos são comunistas que querem a guerra nuclear. E minha avó disse que eles querem pegar nosso dinheiro e nossa casa. Um outro "barbudo" fala: Agora entendo por que o Fernando disse que ela é a "múmia" dele. Outro "barbudo" continua: Olhe, eu vou te mostrar uma coisa: imagine que a riqueza do mundo esteja dentro de uma laranja. Tem pessoas que querem ficar com a laranja só para elas e não dar nada para ninguém. E tem pessoas que querem dividi-la em partes iguais, para distribuir entre todos. E nós, seu pai e sua mãe, nós somos a favor da distribuição. E os barbudos também.

contar-lhes o que se passa com ela onde seja. Da mesma forma que fala com a avó e a coleguinha o que está vivendo em sua nova casa. De um modo geral, os pais da garota conversam com ela e dão atenção às suas constantes e variadas perguntas, ainda que ela tenha sido forçada, sem maiores explicações e sem ter outras opções, a mudar-se para a nova casa devido às opções de seus pais, que não ouviram os filhos a respeito.

Fernando e Marie se empenham em ensinar-lhe, principalmente, o que chamam *espírito de grupo*, a solidariedade, na versão legendada do francês para o português. Essa ideia percorre todo o filme como um eixo estruturador, como um valor que o casal deseja transmitir às duas crianças, além de ser a maneira pela qual justificam para a filha o que estão fazendo e as mudanças havidas em suas vidas.

Os avós maternos, parte da família ampliada da garota, participam de vários momentos da vida de seus netos e representam o que Anna desejava e vivera até então. É digna de nota a festa de casamento na mansão dos avós em Bordeaux na abertura do filme, na qual Anna está se servindo junto de outras crianças à mesa e tentando ensinar-lhes a partir a laranja com etiqueta. Ela comenta com Isabelle, a noiva: "Estou ensinando todos eles a cortarem a fruta direito, mas eles não são nada inteligentes"!

Adiante, além de receber de sua avó materna explicações sobre os comunistas, no passeio com seu avô materno à sua estância, depois de provocado a falar sobre os gregos e os romanos pela menina, o avô lhe conta a história da raposa: para sair de uma armadilha na qual se prendera, o animal mordeu sua própria pata. Anna não se esquece dessa história, como de outras, e esta será motivo de sua indisposição com a freira, sua professora. Quanto a seu falecido avô paterno, de quem herdou o sobrenome De la Mesa, de triste lembrança (conforme Anna fala com Cecile, a coleguinha), a garota se vê de frente com sua história, tanto por causa do que ouve nas conversas de seus pais quanto porque, depois de muito relutar, Fernando decide rever a casa do pai na Espanha, em uma viagem com a filha.

São também frequentes e significativas, na trama, as situações de Anna na escola: nas aulas com as freiras, no convívio e conversas com as coleguinhas. Em uma das cenas, depois de ir dormir na casa de Anna, sua coleguinha Cecile critica sua nova casa, dizendo que é apertada, que a comida é ruim, não tem jardim e que os pais de Anna são *hippies-bitnicks*. A menina contesta e se defende bravamente, dizendo que Cecile não sabe o que é o "zizi" dos meninos e como nascem os bebês.[6]

Todo esse enredo conduz ao final da trama. Depois desse deslocamento, na aceitação das mudanças havidas em sua vida e na direção do *espírito de grupo,* ainda que o tenha confundido com *seguir a maioria,* Anna pede a seus pais que a transfiram para outra escola, uma instituição pública, motivada pelo incidente com a freira. Anna havia dito à professora (lembrando-se da história da raposa que ouvira do avô) que a cabra sobre a qual a irmã falava tinha duas opções e escolheria uma delas: fugir para a montanha para se ver livre em vez de continuar sob o mando do pastor. Nessa sua conclusão ela diverge da freira, que diz que ela está errada, porque desobedecer é pecado, ao que a garota retruca: "Os animais não são católicos, irmã!".

Na montagem fílmica, esse incidente compõe a finalização do roteiro. Tendo iniciado o filme com as cenas de Anna à mesa, ensinando às outras crianças a cortarem a laranja com etiqueta, na festa de casamento, Julie Gavras encerra-o com imagens de um ambiente muito diferente daquele. As belas e delicadas imagens finais são tomadas com a câmera novamente no nível da garota e, depois, subindo para filmar de cima as crianças no saguão do prédio da escola, para a qual Anna foi caminhando sozinha. Com a câmera filmando de cima, vê-se Anna no saguão olhando e andando entre as crianças, que não se tocam com ela, num primeiro instante. Em seguida, duas garotas que brincam junto de outras pegam sua mãozinha para que ela entre na roda com elas.

## Anna entre perguntas e elaborações, Anna em movimento

O pai está dirigindo, com as duas crianças atrás no carro, e Anna continua com suas perguntas: Papai, o que é Maio de 1968? Pai: Durante

---

[6] Diferentemente do que se passava com Anna, pois sua mãe conversava com ela sobre sexualidade, de forma aberta e tranquila, inclusive explicando-lhe por que não usou véu de noiva e defendendo o direito das mulheres sobre o seu próprio corpo, quando interrogada pela filha, a mãe de Cecile tinha dificuldades em conversar com a menina sobre o assunto. Ficava nervosa e desconcertada, segundo comentários da garota com Anna, confirmada em uma imagem da mãe de Cecile na tela.

o mês de maio, em 1968, o povo fez manifestações para mudar as coisas. Anna: O que eles queriam mudar? Pai: Muitas coisas. Foi parecido com o que estamos fazendo no Chile. Anna: Você também saía em Maio de 1968? Pai: Eu me interessava, mas eu trabalhava. Anna: Você não queria mudar nada? Pai: É que às vezes você deixa passar as coisas e depois é tarde demais. Pai: Chegamos. Eu não vou demorar. Anna: E agora você acha que tem coisas que precisam mudar? Pai: É claro. Teve a morte de Quino, Marga... Nós fomos para o Chile, Marie decidiu escrever o livro. Sim. Anna: Então, antes você estava enganado. Pai: Eu não estava totalmente enganado. Eu formei uma família linda. Com dois filhos lindos! Anna: Mas como você pode ter certeza de que não está enganado agora? Pai: Eu não estou enganado. Estou tentando ajudar os outros.

Anna está sempre observando e perguntando sobre tudo o que vai vendo e vivendo. Espreita atrás das portas as conversas dos adultos. Algumas discussões entre seu pai e mãe as "assiste" às escondidas. Ela quer saber sobre tudo: da origem do mundo ao que é o aborto; pergunta o que são os comunistas; por que a mãe não teve festa de casamento na mansão dos avós, igual ao da tia Isabelle; quer saber o que é Maio de 68; indaga sobre os gregos e os romanos, assim como quer conhecer histórias de princesas e adiante, da mitologia grega. A garota, sempre atenta e envolvida com suas indagações e descobertas, chega a ponto de falar com os "barbudos": "Tenho medo de esquecer o que eu quero perguntar para eles", depois de se levantar da cama indo ajuntar-se aos amigos de seus pais, que estão reunidos na sala de sua casa, enquanto espera Marie e Fernando chegarem.

Anna vai ampliando sua reflexividade[7] com questionamentos mais complicados. Ela quer saber, por exemplo, se seu pai tem certeza das coisas que fez e que deixou de fazer no passado e o inquire sobre suas certezas. Ela não faz somente perguntas, mas considerações, observações e até recomendações. Ela elabora, no sentido do labor, do trabalho de pensar. Algumas de suas falas refletem isso muito bem, como seus dizeres em variadas cenas de conversas com seu pai e mãe quando ela fala: "Mas como você pode ter certeza de que não estava enganado"; "Como você sabe o que é espírito de grupo e o que é seguir a maioria?" "Sei que temos que ajudar os pobres, mas nós não

---

[7] Estamos entendendo a reflexividade dos sujeitos na forma como A. Giddens a desenvolve, especialmente em seu livro *A constituição da sociedade*.

somos obrigados a isso!" "O vovô se enganou e eu não acredito mais em espírito de grupo" "Mas eles se enganaram, como o papai. Foi ele mesmo que me disse."

Nesses enredos, o universo infantil se mistura ao diverso e ao real. A lógica e o raciocínio da criança, a fantasia, a brincadeira, os temores, os afetos e a repulsa se aproximam. Tudo constitui e inspira as perguntas da menina em *A culpa é do Fidel!*, registrando os singulares contornos da condição infantil de Anna, pois há infâncias e infâncias, sendo a dela muito particular em alguns aspectos. Anna está enredada em experiências e relações polifônicas e polissêmicas, com as quais se encontra e se confronta, que são também relações de poder, mas nem por isso ela se deixa abater, aquietar ou aquiescer. Nesses enredos, envolvida na diversidade social, étnico-racial, nacional, geracional, linguística, política, cultural, de doutrinas e valores, a menina se inquieta, indaga, questiona. Ao contrário, pois valentemente ela vai tentando desvelar os diferentes mundos e visões de mundo em seu entorno e mais distantes.

Nas sequências fílmicas, nas cenas e cenários nas indagações e respostas que vai recebendo, em algumas cenas de diálogos que vão surgindo – um pouco mais livres com suas avós, babás e com seus pais, mais à vontade com suas coleguinhas e mais reprimidos com as freiras na escola –, a garota vai comparando o que vê e escuta, solitariamente. Anna vai elaborando as explicações a seu modo, com raciocínios próprios, numa ação ativa. Confusa e inadequadamente, se observados sob certas classificações dos adultos. Não sem rancor e sofrimentos e com entendimentos a seu modo,[8] tais como suas dificuldades nas aulas de natação e as misturas que vai fazendo entre espírito de grupo e acompanhar a maioria.

Anna tem desejos e vai criando uma certa autonomia de pensamento e de ação. Pode-se entender, como Dubet (1994) salienta, que ela realiza um "trabalho" mediante o qual, fazendo suas próprias elaborações, como um ator (no sentido de autoria e autor), o indivíduo

---

[8] Os sofrimentos de Anna estão expressos, por exemplo, nas sequências fílmicas das aulas de natação que Julie Gavras insere no roteiro. Nas duas primeiras cenas da garota na piscina, Anna tenta "vencer" a água e o tempo de nado, mas não consegue fazê-lo como antes. Somente adiante, numa terceira sequência, ela chega ao tempo esperado pelo professor, classificando-se em primeiro lugar.

se constitui como sujeito, não mais se restringido a cumprir papéis, mas questionando e transgredindo. A menina faz elaborações que a conduzem às suas próprias conclusões. Ela não somente pergunta e observa, mas age sabendo o que quer e o que faz: quer viajar para a casa da avó materna; não aceita mudar de escola, em um primeiro momento; sempre se preocupa em apagar as luzes da casa e o aquecedor, para gastar menos dinheiro, agora que ficaram pobres e tenta conseguir dinheiro mexendo nas bolsas das coleguinhas em uma certa e única ocasião, pelo que é repreendida pela mãe; continua pedindo às babás que contem as histórias de que ela gosta; retruca a coleguinha que critica sua casa nova e seus pais. Há, também, cenas da garota de olhos abertos, pensativa, em silêncio, deitada em sua caminha à noite. E em certos momentos Anna tem falas sagazes, que revelam suas elaborações, como se pode ver em algumas de suas falas, entre elas ao dizer à babá: "Então, a culpa é do Fidel". Ou quando diz aos seus pais numa de suas conversas: "Então, ninguém tem certeza das coisas". E diante da preocupação da mãe porque ela não terá mais suas coleguinhas na nova escola, Anna a tranquiliza: "Não faz mal. É como mudar de babá. É triste quando uma vai embora, mas se a próxima é legal, tudo bem".

 A menina se move, ela se movimenta com suas próprias elaborações tanto nas situações de diálogo quanto nas de autoritarismo, em que não é ouvida, em que é cortada. É como se Anna não aceitasse receber as coisas prontas. Mesmo que receba pronto o que deverá fazer e os papéis que dela se espera, ela transgride, resiste, interroga e propõe. Ela não apenas pergunta, mas elabora e questiona. Há um "movimento" da menina, uma atitude ativa, uma ação ativa. Nesse processo, que não é linear, nem contínuo, nem harmonioso, mas descontínuo, tenso, conflitivo, Anna vai se (re)constituindo, vai atribuindo outros sentidos, significações ao mundo e exercitando sua própria intencionalidade. Esses vívidos viveres e aconteceres articulam processos de socialização, de construção identitária e de subjetivação nos quais a menina vai fazendo "sínteses provisórias" e escolhas, como o seu pedido aos pais para mudar de colégio, paralelamente às suas reivindicações e discussões com os "barbudos" e com os próprios pais.

 A sequência final, comparada com aquela que abre o filme, sugere esse entendimento: a garota viveu *experiências* que a tornaram diferente.

A menina que dançava espontaneamente na festa do casamento da tia, de quem retirou o véu de noiva para colocá-lo em sua cabecinha; a menina que ensinava às crianças as regras da etiqueta para se partir laranja à mesa de refeição; a menina que reivindicava a volta para a casa da avó e resolve mudar de escola, aproximando-se de um outro tipo de crianças e ambiente, no pátio de uma escola pública. É também muito significativo o que Anna fala com a mãe e o pai, na entrada de sua nova casa, ao retornar de sua viagem de férias à casa dos avós em Bordeaux: "Esse cantinho é bem legal!"

No interior dos grupos familiares, os pais fazem escolhas para as crianças, que as obedecem, como também as transgridem, resistem às claras (como é o caso da pequena fuga de Anna com o irmãozinho) ou às escondidas (os tantos momentos em que a menina olha o que está acontecendo, por detrás das portas). Crianças, adolescentes e jovens, filhos e filhas, assim como alunos e alunas interrogam, questionam, perguntam, obedecem e transgridem porque são seres ativos, capazes de ativação – uma ação ativa. Em certo sentido, filhos e filhas sofrem influências e influenciam, questionam e fazem deslocamentos e movimentações na própria família. Nesse sentido, e esse é um ponto a se destacar, os processos de socialização da criança não são nem lineares, nem tranquilos, nem se realizam com a criança passiva, ainda que variem conforme seus contextos e textos. De outra parte, ao lado das perdas e dificuldades que a desafiam, Anna vai ganhando novas experiências e se enriquecendo com outros valores, possibilidades, visões de mundo.

Por certo que essas condutas, lógicas e ideias, a reflexividade inclusive da criança denotam, como alguns estudiosos o fizeram, a ação ativa, o movimento, uma ativação dos indivíduos, mesmo quando infantes, no curso de sua socialização. Evidenciam, ainda, que a criança, a condição e o universo infantis são próprios e singulares, existe uma cultura própria, um universo cultural da infância, rechaçando ideias que entenderam a criança como uma tábua rasa ou como uma miniatura do adulto. Nem um nem outro a compreendem, visto que as temporalidades da infância têm elementos, rítmicas e características específicas.

Esses elementos ganham no filme força e beleza, convencendo o espectador, de um lado, com o posicionamento da câmera na altura do olhar da menina e, de outro, pela irretocável interpretação de Nina Kervel, reiterando o dito. Suas expressões e gestualidade parecem não apenas espontâneas, mas próprias da menina e não da atriz, como se fora real. Ela parece não representar o que o roteiro lhe pedia, mas apresentar-se como tal: a face rancorosa, a indignação, a bravura ou, ao invés, uma Anna concentrada, meiga, humorada, alegre. Com a posição de câmera escolhida por Julie, ao lado de vários closes da menina, a expressividade torna-se maior. Anna toma toda a tela e envolve o espectador que se alegra, se enerva e se entristece com ela, entregando-se à experiência onírica do cinema.

Ao longo do filme, Julie Gavras vai desvelando aspectos da família por dentro, numa quase intimidade, com a câmera na altura do olhar da menina. Argumento, roteiro e montagem fílmicos vão apreendendo a família que acolhe a criança, sem que consiga penetrar realmente em seu universo – basta ver que a menina está sempre precisando olhar e ouvir às escondidas. Para muito além de linearidades, harmonias e visões românticas, a família ali está, pai e mãe ali estão com suas próprias limitações e contradições. Defendendo o "espírito de grupo", a liberdade política, mas restringindo as opções da criança, impondo-lhes suas escolhas sem escutá-la efetivamente. Embora haja cenas de diálogo entre eles, pai, mãe e as crianças – inclusive de modo diferente da mãe de Cecile, amiga de Anna cuja mãe não consegue conversar com a menina sobre a sexualidade –, as mudanças havidas na vida de Anna não foram conversadas, não foram explicadas realmente para a garota. Seus pais pareciam achar suficiente explicar-lhe o "espírito de grupo", enquanto a questão era muito maior, mais delicada e complexa, visto que seriam muitas mudanças para as duas crianças, por exemplo.

As perguntas, condutas e elaborações de Anna confirmam, pois, algumas discussões da infância. Estas enfatizam que nas sociedades contemporâneas as experiências vividas pela criança tendem a se constituir por uma combinação entre a vida privada e a vida pública, pelo apagamento das fronteiras entre o mundo adulto e o mundo infantil e por uma maior reflexividade, ao lado das mudanças advindas das novas tecnologias que invertem a relação entre um suposto saber do adulto e não saber da criança (Belloni, 2007).

Anna também evidencia, conforme algumas teorias da socialização, que nas novas configurações e dinâmicas sociais, nas quais as crianças ganham maior importância e visibilidade social, e considerando seu ponto de vista, "a socialização constitui um processo de apropriação e de construção, por meio da participação ativa do indivíduo jovem que intervém, age e interage com todos os elementos de seu universo", ainda conforme Belloni (2007, p. 61).[9]

Pensando no plano da Pedagogia e das pedagogias, como Arroyo (2007, p. 796) salienta, pode-se dizer que o "movimento" de Anna reitera os estudos sobre a infância, que cujas novas visões da infância-adolescência a consideram "não mais in-fans, sem fala, sem opinião, e sem pensamento, mas uma infância pensante, sujeito de decisões e escolhas, de valores, de liberdade e de autoria própria". Conforme o autor insiste, embora existam outras concepções da infância, há um reconhecimento desta idade da vida e das crianças, assim como dos adolescentes e jovens como sujeitos de direitos e como sujeitos de cultura, tal como se vê em Anna: ela quer ser reconhecida como sujeito, como alguém que tem sua voz, suas escolhas, seu pensamento. E assim como outras infâncias e crianças, ainda conforme Arroyo, pode-se dizer que essas crianças indagam e desafiam a Pedagogia e as pedagogias. Elas incomodam e por vezes nos chocam, profanam crenças, dessacralizam certas noções e condutas que temos com elas.

Outras questões e aspectos da família estão evocados em *A culpa é do Fidel!* Ao lado da compreensão de que a instituição familiar não está isolada do mundo, mas implicada em processos sócio-históricos, políticos e culturais mais amplos, em interesses e projetos de mundo em conflito e disputa, e junto da constatação de que a inserção das crianças nos grupos familiares é complexa, realizando-se mediante um movimento da criança como um ser ativo, de desejo e de ação, destacam-se no filme as temporalidades presentes na família e a remissão às outras famílias com histórias semelhantes às de Anna e François.

---

[9] Belloni (2007, p. 67) salienta em seu artigo no qual revisita o conceito de socialização que "A socialização como categoria sociológica básica pode ser compreendida dialeticamente em seu duplo aspecto como ação da sociedade sobre as crianças e a apropriação do universo de socialização pela ação das crianças. Categoria estrutural cujas formas concretas variam segunda as sociedades, a socialização das novas gerações deve ser entendida como um processo extremamente complexo e dinâmico".

## Anna entre outras famílias e Annas

Imersa em historicidades e sendo ela mesma percursos de histórias vividas no tempo social, os enredos particulares às famílias se articulam às estruturas e dinâmicas da sociedade, às temporalidades e territórios da vida social e culturas. Em *A culpa é do Fidel!* estão a família nuclear (pai, mãe, filhos) e a família ampliada (avós, tios, primos), ambientadas na França dos anos 1970, tendo como pano de fundo questões político-sociais ligadas à eleição e ao governo de Salvador Allende de um lado. De outro, o governo de Franco, na Espanha, cenários históricos diretamente relacionados às opções do pai e da mãe, à memória do avô paterno e ao assassinato do tio das crianças.

Os tempos e espaços dos grupos familiares se inserem na curta, média e longa duração histórica e neles se misturam as ditas esferas públicas e privada da vida, em maior ou menor medida, desta ou daquela maneira. Não somente porque a família está dentro sociedade, mas também porque os grupos familiares convivem com inúmeros indivíduos e grupos externos às relações parentais em seus tempos e espaços cotidianos. No filme, as babás das duas crianças, os companheiros militantes de seus pais, as freiras da escola de Anna, trazem até ela "notícias" do mundo de lá, que chega dentro do mundo de cá. Pela televisão, por exemplo, Anna ouviu a notícia da eleição e depois da morte de Allende. Visto de outro ângulo, ela sabe que seus pais têm contas de luz a pagar e ela mesma convive com pessoas e grupos que extrapolam sua família nuclear e ampliada. Questões sociopolíticas de curta, média e longa duração histórica se misturam à "política do cotidiano" e às relações privadas e da intimidade da casa, também elas, políticas, presentes no cotidiano da garota, ora em suas indagações e elaborações (como em seu interesse em saber histórias sobre a origem do mundo, sobre os gregos e romanos, suas conversas com o irmão sobre o napalm nas guerras), seja como fatos que ela mesma vivencia juntamente com suas preocupações em entender as coisas.

O texto e o contexto da experiência familiar específicos de Anna e François, reiteramos, colocam uma questão central nas experiências das duas crianças: além de verem seus pais envolvidos com as lutas políticas, eles ficam sob distintas influências quanto aos valores e costumes nos quais vão sendo socializados. E, embora seja inegável a força e importância da família como o grupo de acolhida das crianças no mundo e como uma instituição de socialização primária, há outras instâncias e processos que os socializam.

De outra parte, como Arendt (1992) observa, as crianças não podem ser deixadas à deriva. Precisam de cuidados e especial atenção, não apenas para que, cresçam em floração, mas para que as culturas e povos se abram aos devires. E, sobretudo, para que, como novas gerações, apropriando-se da memória cultural, possam realizar o novo de que são portadoras, reinventando a vida em comum. Por isso educação é *natalidade* e se trata de uma responsabilidade dos adultos, conforme a autora.[10]

Nas temporalidades da família, como a de Anna, em vários povos e culturas, os indivíduos vivem todo o transcurso de suas existências – do nascimento à morte – e delas nunca se apartam. Levam sempre consigo, porque vivem juntos ou presentes na memória, seu grupo familiar de origem, uma de suas referências marcantes. Nos grupos familiares coexistem diversas temporalidades, ciclos da vida e gerações humanas e neles vivemos os "tempos de transição", com seus respectivos componentes simbólicos e ritualísticas atribuídos pelas culturas.

Os membros dos grupos familiares se localizam em distintas idades da vida. A infância, a juventude, a adultez e a velhice integram as temporalidades da família, que as gerações mais novas, intermediárias e antigas coabitam. Na família ampliada de Anna, observando os tempos mais recentes, não sua genealogia, estão uma primeira geração, de seus avós; uma segunda, de seus pais e da tia Marga; e uma terceira, a sua própria geração, de seu irmãozinho e de sua prima Pilar.

---

[10] A autora associa a responsabilidade de acolhida e integração dos novos à cultura e à tradição – e, portanto, à sociedade e aos destinos humanos – à possibilidade de que, tendo sido recebidos e apropriando-se da memória cultural, os novos possam se realizar como tal, potencializando o novo de que são portadores, tornando-se capazes de reinventar a vida em comum. Nas palavras de Arendt (1992, p. 247), "A educação é o ponto em que decidimos se amamos o mundo o bastante para assumirmos responsabilidade por ele e, com tal gesto, salvá-lo da ruína que seria inevitável não fosse a renovação e a vinda dos novos e dos jovens. A educação é também onde decidimos se amamos nossas crianças o bastante para não expulsá-las de nosso mundo e abandoná-las a seus próprios recursos, e tampouco arrancar de suas mãos a oportunidade de empreender alguma coisa nova e imprevista para nós, preparando-as em vez disso com antecedência para a tarefa de renovar um mundo comum".

Nas famílias os indivíduos compartilham espaços nos quais convivem com aqueles com quem têm laços de consanguinidade, laços psíquicos e de sentimentos como o amor, a afeição, o respeito, o medo, a segurança. Temos, também, em família, laços de ordem legal, que gera direitos, deveres, proibições, que variam conforme as culturas, épocas e conforme os posicionamentos e clivagens sociais que atravessam a família, nos quais elas se inscrevem.

Tais aspectos das dinâmicas familiares permitem-nos observar a criança na família colocada em dois planos implicados na condição infantil: de quem está chegando ao mundo, um estranho que é acolhido pelo grupo familiar; de quem é herdeiro de uma cultura, um patrimônio material e imaterial comum; de quem é herdeiro de uma origem de classe e de outras marcas, posicionamentos e pertencimentos sociais, os étnico-raciais, entre eles. Uma condição de quem está fragilizado, necessitando de cuidados básicos para que a vida ali potencializada não se interrompa ou se deforme. Tais dimensões referem-se à *anterioridade* e à *alteridade*, que se desdobram no questionamento e na desestabilização que a criança representa, como é o caso de Anna, com suas permanentes indagações (GOUVÊA, 2011).

A *anterioridade* diz respeito ao fato de que os adultos e velhos com os quais a criança convive um dia também foram crianças, tiveram essa mesma idade da vida e lugar social. Por isso eles antecedem à criança e têm agora um passado mais largo do que horizontes de futuro, o inverso do que ocorre com os infantes. O tempo da infância é como o tempo da velhice às avessas. Quanto à *alteridade*, esta nos conduz à ideia de que a criança, chegante no mundo, é um outro, é estranheza e mistério. Não se sabe o que é e o que será. É ponto de interrogação. De igual forma, se observarmos essa relação do ponto de vista da criança, o adulto é para ela o que veio antes dela, a anterioridade, e é o outro, a alteridade, o que ela desconhece: é dúvida, é enigma. Na família estamos, pois, não somente diante de encontros e confrontos geracionais e entre idades da vida, como nela está o outro, com seu universo inalcançável, por vezes, inefável.[11]

As temporalidades inscritas na família, como em *A culpa é do Fidel!*, envolvem as tensões entre memória e esquecimento. Na

---

[11] Para a discussão dessas duas dimensões da infância, ver Gouvêa (2011).

história do pai de Anna, filho de militar franquista, e no seu próprio sobrenome, está um passado que insiste em permanecer à sua frente. Algo que não se apaga, que está sempre ali, nas temporalidades concomitantes do presente e do pretérito. A história do pai de seu pai, o avô espanhol, segue junto do pai e da mãe da menina. Por isso, mais adiante no enredo, porque o pai franquista era um fardo para Fernando e povoava seu imaginário e de Anna, imaginário quando ele consegue voltar à mansão do velho falecido pai na Espanha, leva Anna consigo. São densas e intensas as cenas e imagens da menina na mansão do avô, vendo pela primeira vez os móveis e objetos da casa, o álbum de fotografias, os quadros e esculturas, carregados de lembranças e significações que seu pai revia.

Sendo tudo isso e mais, como toda obra de arte, *A culpa é do Fidel!* se abre a outras reflexões, possibilidades, interpretações que aqui não estão. Ela contém muito mais do que possa revelar ou evocar do enlace entre cinema e memória. Não somente porque Julie e Domitilla viveram histórias semelhantes à que escreveram e montaram como ficção, mas porque nessa história de família estão muitas outras famílias e histórias. O filme convida-nos a relembrar enredos comuns, vividos por várias outras famílias nos idos dos anos 1970 e 80, não apenas na Europa, mas na América Latina, na África e outros lugares, nos quais Maries e Fernandos outros criaram seus filhos dividindo-se entre suas responsabilidades de progenitores e de cidadãos, de educadores e de militantes. Há muitas outras Annas e Françoises, filhos desses casais. Crianças, garotos e garotas que viram e viveram com seus pais militantes e com eles aprenderam, não sem sofrimento e embates, não sem alegrias e afetos, *o espírito de grupo,* a solidariedade e o desejo de contribuir com mudanças na sociedade e na história. Com eles aprenderam que lutar é sinônimo de dignidade e um pode ser um "estado de alegria e de exuberância", uma forma de felicidade, lembrando Olgária Matos (2006) sobre Maio de 1968.[12]

O filme é uma parte da história de muitos de nós. É um pouco da história familiar de inúmeros casais que criaram seus filhos, ainda crianças,

---

[12] Essa formulação de Olgária Matos (2006) está contida em sua reflexão intitulada "Tardes de Maio" no livro *Discretas esperanças: reflexões filosóficas sobre o mundo contemporâneo.* Segundo a autora, Maio de 1968 foi um momento no qual a luta política coincide com um estado de alegria e exuberância, momento no qual lutar é sinônimo de felicidade.

no calor das lutas, que também é festa e atravessa a família. Este foi o que nos motivou a escrever juntos – mãe e dois filhos – estas reflexões. Tendo a mãe se encantado com o filme, num "amor à primeira vista", e tendo os filhos se envolvido com Anna e François, conversamos sobre a possibilidade de juntos escrevermos. Como não nos emocionarmos e nos orgulharmos dessa história e ideais que compartilhamos com o pai e a mãe de Anna e François? Como não nos lembrarmos de nossas casas, onde as crianças, filhos e filhas, dividiam seus espaços com os companheiros de seus pais, envolvidos com os movimentos e lutas sociais do período, como na experiência de Anna e François? Como não nos revolvermos e comovermos com a beleza do filme, no qual aprender a (re)partir laranjas e aprender o *espírito de grupo* – que extrapolam a família pensando a humanidade – estão colocados como um bem maior, como a mais bela herança, a maior fortuna a ser cultivada e transmitida de geração a geração nos grupos familiares?

Por isso e mais, esperamos que outras mãos e palavras prossigam a escrita que ensaiamos, fazendo reviver não apenas uma história pretérita, mas projetos e lutas do presente à procura de devires mais felizes para todas as famílias, grupos e povos. Trabalhando a memória não como nostalgia, mas como uma oportunidade para não esquecermos os sofrimentos humanos e sociais do passado, que não devem se repetir como presente e futuro. A memória como uma oportunidade de se reviver e reinventar o "espírito de grupo", a solidariedade, virtude humana cada vez mais necessária, em todas as suas belas formas e possibilidades. Uma virtude imprescindível para a floração e a permanência da vida, em todos os tempos e lugares. Uma virtude que, buscando o bem maior no bem viver comum, extrapola os estreitos limites dos grupos familiares, procurando, ao revés, o "espírito de grupo" que se abre ao mundo – humanidade e natureza – sem fronteiras ou cercamentos.[13]

## Referências

ARENDT, Hannah. A crise da educação. In: ARENDT, Hannah. *Entre o passado e o presente*. 3. ed. São Paulo: Perspectiva, 1992.

---

[13] Reverenciamos, aqui, o poema de Dom Pedro Casadaglia, no qual se lê: "Malditas sejam todas as cercas! Malditas todas as propriedades privadas que nos privam de viver e de amar! Malditas sejam todas as leis, amanhadas por umas poucas mãos, para ampararem cercas e bois e fazerem da terra escrava e escravos os homens!".

ARROYO, Miguel. Quando a violência infanto-juvenil indaga a pedagogia. *Educação e Sociedade*, v. 28, n. 100, 2007. Disponível em: < http://cev.org.br/biblioteca/quando-violencia-infanto-juvenil-indaga-pedagogia/>. Acesso em: 28 maio 2012.

BELLONI, Maria Luiza. Infâncias, mídia e educação: revisitando o conceito de socialização. Perspectiva, Florianópolis, v. 5, n. 1, p. 57-82, jan./jul. 2007. Disponível em: <http://www.periodicos.ufsc.br/index.php/perspectiva/article/view/1629>. Acesso em 28 maio 2012.

CASADAGLIA, Pedro. *Malditas águas do tempo*. Cuiabá: Fundação Cultural de Mato Grosso, 1989.

DUBET, François. *Sociologie de l'experience*. Paris: Seuil, 1994.

GOUVÊA, Maria Cristina Soares. Infância: entre a anterioridade e a alteridade. *Educação e Realidade*, Porto Alegre, v. 36, n. 2, 2011.

LEIRO, Lucia. *O amor não tem fim, Julie Gavras*. Blog Mulher e Cinema, post de 20 de novembro de 2011. Disponível em: http://mulherecinema.blogspot.com/2011/11/o-amor-nao-tem-fim-julie-gravas.html. Acesso em: 15 jan. 2012.

MANNHEIM, Karl. O problema sociológico das gerações. In: *Karl Mannheim:* Sociologia. São Paulo: Ática, 1982. (Grandes Cientistas Sociais.)

MATOS, Olgária. *Discretas esperanças*: reflexões filosóficas sobre o mundo contemporâneo. São Paulo: Nova Alexandria, 2006.

MOTA, Carolina Correia da. *A culpa é do Fidel*!: militantes como os nossos pais. Site PSTU, editoria de Cultura, 22 jan. 2008. Disponível em: <http://www.pstu.org.br/cultura_materia.asp?id=7870&ida=21>. Acesso em: 15 jan. 2012.

NASCIMENTO, Juliana. *A culpa é do Fidel.* Blog Sagaz: um olhar crítico sobre a trama social, 9 nov. 2009. Disponível em: <http://sagaz.wordpress.com/2009/11/09/a-culpa-e-do-fidel/>. Acesso em: 15 jan. 2012.

POIRIER, José Maria. Domitilla Calamai: desde la mirada de una niña. *Criterio*, n. 2358, abr. 2010. Disponível em: <http://www.revistacriterio.com.ar/nota-tapa/domitilla-calamai-desde-la-mirada-de-una-nina/>. Acesso em: 15 jan. 2012.

PRADO, Brenda F. M.; TEIXEIRA, Inês Assunção de Castro. Do tempo da infância às avessas. *Contexto e Educação*, UNIJUÍ, v. 78, 2007.

TOMAZZONI, Marco. Julie Gavras faz rir para falar de temas importantes; leia entrevista. 26 out. 2011. Site *Último Segundo,* seção Cultura. Disponível em: <http://ultimosegundo.ig.com.br/mostracinemasp/julie-gavras-faz-rir-para-falar-de-temas-importantes-leia-entrevista/n1597321167670.html>. Acesso em: 15 jan. 2012.

VAZ, Sérgio. *A culpa é do Fidel! / La Faute à Fidel*!. Site 50 Anos de Filmes, 1 nov. 2009. Disponível em: <http://50anosdefilmes.com.br/2009/a-culpa-e-do-fidel-la-faute-a-fidel/>. Acesso em: 15 jan. 2012.

# A família como obra de arte em *Hanami: cerejeiras em flor*

Hiran Pinel

Pretendemos estudar aqui três temas vitais e que se mostram "de ponta" na Educação, Pedagogia e Psicologia: a) a *família* – sempre em mudanças e se mostrando de modos incompletos e inconclusos como uma obra de arte, e isso ocorre apenas caso se desconstrua e reinvente seu cotidiano, tornando-o mais original, menos repetitivo; e nesse caso é preciso ser "poeta o bastante para evocar suas riquezas" (RILKE, 2009, p. 27); b) a *arte* como obra (prima) inacabada e irrepetível sempre sendo a chave de sentido do mundo, desvelando o "coração do mundo", de onde se descortinam os maiores enigmas de ser do ser humano nos seus "modos de ser sendo si-mesmo junto ao outro no mundo" alternativos e insubmissos – a arte como afirmação do existir e do alegrar a vida; c) o *cinema* como dispositivo possível de fazer isso, destacar a vida em família como obra de arte.

> A arte deve antes de tudo e primeiramente embelezar a vida, portanto, fazer com que nós próprios nos tornemos suportáveis e, se possível, agradáveis uns aos outros: com essa tarefa em vista, ela nos modera e nos refreia, cria formas de trato, impõe aos indivíduos leis do decoro, do asseio, de cortesia, de falar e calar no momento oportuno. A arte deve, além disso, ocultar ou reinterpretar tudo o que é feio, aquele lado penoso, apavorante, repugnante que, a despeito de todo esforço, irrompe sempre de novo, de acordo com o que é próprio à natureza humana: deve proceder desse modo especialmente em vista das paixões

e das dores e angústias da alma e, no inevitável e irremediavelmente feio, fazer transparecer o significativo [...] (NIETZSCHE, 2007, p. 81).

Objetivamos empreender um processo de compreensão do filme *Hanami*[1]: *cerejeiras em flor* (*Kirschbluten – Hanami*, Alemanha, 2008, direção de Doris Dörrie) como um campo de possibilidades para trazer a lume a vitalidade e importância da família (especialmente da figura parterna onde nos focamos) para a contemporaneidade, destacando sua força de vida, suas alegrias (e tristezas) que demandam ser conhecidas, sentidas para que se resgatem as possibilidades de a família se mostrar nos "modos de ser sendo si-mesmo no mundo" da vida-arte, ou seja, a família como obra de arte.

Para isso propomos – de modo indissociado – nos envolver existencialmente com essa película alemã (que aborda um tema japonês) e desse mesmo "lugar-tempo" nos distanciarmos reflexivamente descrevendo, narrando e analisando alguns dos sentidos da vida em família e dando indícios de ação. Isso acabou por formar um mosaico do que é o método fenomenológico de investigação (FORGHIERI, 2001).

## A vida em família como obra de arte, uma experiência estética

O filme *Hanami* (que significa: olhar as flores; hábito dos orientais em olhar de modo sentido tais flores) é uma dessas obras de arte do cinema alemão cujo título em português traduz (e bem) o seu sentido presente no enredo. Nem sempre isso ocorre, e as traduções dos títulos de um filme dependem da intencionalidade de comercializá-lo, pois afinal é parte do que se denomina indústria do entretenimento.

*Hanami* é o nome de uma festa japonesa cujo objetivo é reunir amigos, pais, avós, namorados, amantes, colegas, famílias inteiras para juntos compartilharem os diversos modos de observar as flores de cerejeiras (*sakura*). As cerejeiras em flor pertencem à espécie *Prunus serrulata*, e elas dão menos frutos que a cerejeira ácida ou a doce. Essa flor é abundante no Japão, um país em que se tem como hábito observar as flores nascerem, morrerem... Então *Hanami* é um festival

---

[1] Encontramos escritas diferentes: "Hanani" e "Hanami" e optamos intencionalmente pela segunda versão, modo como está presente no respeitado site de cinema IMDb (The Internet Movie Database): http://www.imdb.com/find?q=hanami&s=all

de flores de cerejeiras que nascem frente ao tempo quente que irrompe. Uma celebração da natureza; do sol; das flores e suas cores e cheiros...

As pessoas saem de casa e se reúnem embaixo das árvores com vastas toalhas protetoras, onde se sentam e colocam cestas de alimento, por exemplo. O objetivo? Reúnem-se para apreciar o evento da natureza enquanto fazem piquenique. Trata-se de uma ferramenta natural (as flores das cerejeiras) que é mediada por uma impactante cultura que produziu *Hanami*, que daí pode emergir uma *educação estética* (a beleza das flores; suas delicadas cores; tipos, etc.; a beleza humanizando) e *educação ética* (uma ação de cuidado em observar ou a observação mesma de tão rigorosa e envolvente que por si só é cuidar de si mesmo junto ao outro no mundo das coisas, das flores...).

O povo de uma nação cria e ou inventa um festival (*Hanami*) para se deleitarem com a beleza e com a ética advindas do ato do sentido em observar o belo, fazendo-o pelo cuidado e nos tornando mais humanos, pois exige que nos envolvamos existencialmente com a beleza, e o belo exige e até impõe um cuidar, um ternurar, um compartilhar, um sentir, um pensar, um agir estético no mundo das diferenças de ser (sendo) nós mesmos tendo o outro por referência, estando todos em um mundo de ideias, classes sociais, mídia, política, economia... "Ser no mundo", é isso que somos (sendo).

A cineasta fala então de um festival, mas acima de tudo ela traz a simbologia do *Hanami* para todo o enredo do filme – o festival lida com as metáforas que podem produzir o fato das cerejeiras em flor.

Primeiro, parece-nos que o título indica que devemos apreciar a beleza e precisamos fazê-lo como seres de cuidado que somos. É da nossa marca cultural cuidar. Devemos nos observar, observar o outro, as coisas do mundo – tudo penetrado pelo afeto (as coisas e pessoas nos afetam) que contém o cuidado.

Segundo, o filme narra a vida em família tão bela e ética como é *Hanami* – um cuidando do outro, mesmo que o descuidar se apresente primeiro como possibilidade de solucionar uma dor profunda caracterizada pelos sentimentos abandônicos; um descuido que muito nos lembra as catarses familiares – aquela dor, aquele grito, uma busca de encontrar tempo e espaço para solucionar o viver nem sempre tão harmonioso como imaginamos, mas que compõe o painel de ser família.

Terceiro, essa obra nos pontua a vida de um casal de idosos (mulher Trudi; marido Rudi), pais de alguns filhos que moram na Alemanha (em Berlim) e um no Japão, sendo esse descrito pelos irmãos como o mais querido e amado pelos pais – numa narrativa magoada e rancorosa, sentimentos comuns que transitam em famílias.

Será justo no Japão que o pai vivenciará no símbolo das flores de cerejeiras o sentido que a cineasta ao nosso sentir deseja passar com o filme: viver "a vida da família como obra de arte", entregando as experiências de sentido, as mais provocativas, produzindo, criando e inventando modos de ser (sendo) si mesma junto ao outro no mundo, entregando a novos modos de residir (habitar) o mundo, construindo belo *ethos*; um ponto no qual ética e estética na existência se entrecruzam, e se complexificam, permitindo-nos refletir sobre os modos de "agir-pensar-fazer", a "...existência como criação, um tipo de obra que pode ser colocada em diálogo com a obra de arte" (ALVIM, 2007, p. 138) sendo ela mesma, arte.

Os dois médicos dizem à mulher que seu velho marido está em estado terminal devido a uma doença. Os profissionais da saúde demonstram estar "sem graça" em lidar com a morte. Não é o marido que recebe o diagnóstico – isso seria mais recomendado, afinal se fala da vida (a que resta) dele (que tem impacto sobre a vida dela e dos filhos, como veremos e sentiremos), e ele deveria ser colocado no lugar-tempo de autonomia, capacitado a cuidar de si mesmo, do seu modo de ser (sendo) junto ao outro no mundo.

Sugerem à esposa uma última oportunidade de contato em comum entre os dois, um passeio, visitar os filhos, uma segunda lua de mel. A esposa esconderá do marido o problema de saúde – uma decisão que na prática quase sempre exige muita ética, muita reflexão, pois afinal a vida é dele, a ele pertence. Pois bem, ficamos logo de chofre sentindo – nessa belíssima película – que a família ainda é o último porto seguro, o mais seguro de todas as instituições e prenhe de afeto e conhecimento, que o homem e a mulher podem se sentir hospedados no mundo íntimo já que quase sempre o mundo é inóspito. Na dureza da vida encontramos paz na família – ou deveríamos...

Trudi é uma devotada esposa, carinhosa, serena e que sonha visitar o Japão no Festival Hanami. Ligada a um projeto de vida mais audacioso (para seu estilo de ser no mundo), guardado a "sete chaves", com traços de aventura e alegria, a esposa traz consigo um sonho de um dia dançar (e interpretar) o *butoh* (ou butô), cuja arte (dança/teatro) é antes de tudo uma vivência de sentido. Tão contemporânea (nasceu no Japão, nos anos 1950) e que aborda o corpo muito além da corpolatria e repressão, que Nóbrega e Tibúrcio (2004, p. 461) se encantam com ela na Educação:

> De modo geral, o corpo foi compreendido como elemento acessório no processo educativo, e essa compreensão ainda é predominante no contexto atual. Nossa reflexão tenta apontar outros caminhos de entendimento do corpo na educação, a partir de uma atitude que busca superar o instrumentalismo e ampliar as referências educativas, ao considerar a fenomenologia do corpo, e sua relação com o conhecimento sensível, como aquela capaz de amplificar a textura corpórea dos processos de conhecimento. Considerando a experiência do corpo na dança butô, apresentamos indicadores para pensar a educação, relacionados à experiência estética. Dentre eles destacamos: a plasticidade do corpo, a sua produção incessante de ressignificações, a sua abertura à inovação, a sua condição mutante, a sua ruptura com a mecanização gestual, a sua não dissociação entre homem e mundo, pensamento e sentimento.

Os gestos de tal dança teatral, como veremos na película, é de vital importância para Trudi, desveladores de significados do que seja amor, sexo, amizade, companheirismo, mãe, esposa, resistência contra o dominador. É uma ferramenta que produz liberdade e o que isso representa em Estados repressores, rígidos, censuradores.

Já Rudi tem uma vida com tons dessa repetição como já dissemos. Talvez ele extraia dela alguma alegria pelo cotidiano burocrático e aparentemente tranquilo. Ele tem falas monossilábicas. Um cotidiano burocrático – é isso que sentimos acerca da sua vida. Um cotidiano alienado pautado pela mesmice, algo como uma compulsão a repetir-se – como são todos os países marcados pelo trabalho alienado. Essa rigidez aparece, por exemplo, quando ele cumpre rigidamente os horários, o uso das mesmas roupas, o hábito de comer a mesma comida e agir com ela de forma repetida (dar a maçã ao colega), etc. – desprezando as virtudes da fruta apregoadas por Trudi. Ele é um funcionário público modelo, trabalha com o lixo da cidade e com a sua reciclagem. Estamos diante de um sujeito já idoso preso ao seu cotidiano pacato, simples, regrado. Mesmo fora do trabalho, ele limpa sempre; ele higieniza – uma vassoura, uma pá, lixos assim e desse jeito.

Na vida de ambos, há tristeza, cansaço, esgotamento e ao mesmo tempo alegria – pelo estar acostumado à repetição (Rudi) e/ou por ter um projeto sonhado de vida de dançar butô no Japão durante o Hanami (Trudi).

Karl – esse é o nome do filho que mora no Japão e que irá se envolver existencialmente com sua dor junto ao pai e, como veremos mais adiante, irá dar pistas ao pai acerca de uma das possibilidades de se "desenvolver-aprender". É o filho mais jovem dos três filhos. Ele é formado em Contabilidade, mas Rudi não sabe disso, apenas que ele se graduou em algo. Ele nunca perguntou – e o filho cobrará isso. O interessante é o modo esperado de como o contador lida com o burocrático, com o repetido – dando um toque de "tal pai tal filho", uma mesmice, uma repetição. Karolin é a outra filha que mora em Berlim, assim como Klaus. Karolin é lésbica e bem amada pela companheira, que tentará substituí-la como mostradora da cidade grande aos sogros. Klaus é um sujeito ocupado com os negócios – sem tempo, apressado, repetitivo, burocrático no que há de pior (a mesmice efetuada sem reflexão).

Os filhos se dão tempo e espaço para os pais que chegam. As figuras parentais são entendidas como estorvos, entraves – e para quem vive só em clima de "autonomia" (?) é mesmo um entrave alguém adentrar a casa, que pela presença exige cuidado. Essa insatisfação é explicitada nas vidas ensimesmadas filiais e da filha desalojada: – Quem vai ficar com eles?

Mas antes da ida deles para Berlim, há uma cena memorável em que Trudi passa as roupas para a viagem. Ela chora e sua lágrima cai na roupa. Ela imediatamente passa o ferro quente em cima. A roupa aí, nessa cena, pareceu-nos dizer do seu papel subjetivo e cheio de muitos sentidos. O significado em subjetivação de uma camisa, uma saia, um quimono, uma blusa de tricô. Coisas e objetos que portam em si memórias de sentidos para os vivos – diante das roupas dos falecidos. Roupas que trazem lembranças, alegrias, tristezas, "alegriastristezas", alguns "gritos parados no ar" (como ocorre com seus filhos, especialmente Karolin e Karl). Descrevemos a roupa como uma espécie de ferramenta que porta memória trazendo ao nosso viver temas associados ao consolo das perdas, ao reencontro do amor e amizade daquele que se foi. A roupa e o cheiro dela. A imagem dela. O cheiro embriagador, "um descanso na loucura" (Rosa, 2001). Um momento em que a existência se torna menos dramática, menos dolorida, menos abandonada.

A viagem é realizada de um pequeno lugarejo da Bavária para Berlim e Japão. Ela se faz apesar das resistências iniciais de Rudi acostumado a um cotidiano que lhe dá alguma alegria pela constância, pela repetição – uma tranquilidade com o que já "conhece-sente-atua". Ao mesmo tempo, preso a esse cotidiano alienado, ele nos passa a sensação dos seus medos devido às ameaças do inusitado daquilo que está por vir como produtor de angústia ansiosa.

Numa das falas iniciais do filme, escutamos Trudi definindo o marido: "Ele odeia aventura", e que talvez recusasse a sair de sua rotina para ver os filhos, matar saudades deles. Isso parece indicar que Rudi deverá sair da mesmice, ressignificar a existência.

Nessa complexa e tocante temática, que envolve vida e morte, uma sinopse interessante de *Hanami: cerejeiras em flor*, pois não pontua muito o sentido do filme, mas convida o leitor a assisti-lo, é: Trudi sabe que seu marido Rudi está sofrendo de uma doença terminal e o convence a fazer uma última viagem ao Japão, para vivenciarem a época do Festival das Cerejeiras (*Hanami*). Para isso os dois devem sair de sua pequena cidade no interior da Bavária, ir para Berlim e finalmente Japão. Então interrogamos: que provocantes relações existem entre as flores de cerejeiras desse festival e as vidas desses personagens, tão presentes nos cotidianos reais das nossas famílias do Ocidente, como o Brasil, que nos faz recordar que "a vida em família é uma obra de arte"?

## Nascer, morrer e cuidar da vida...

Um dado sobre as cerejeiras que ainda não falamos é acerca de sua efemeridade. No Japão, todo ano, o serviço de meteorologia procura divulgar dados, socializando a data provável do aparecimento das primeiras flores em cada região do país. Trata-se então de uma semana em que o espetáculo deve atingir seu ápice, com o maior número de árvores floridas. Mas por que o serviço de meteorologia precisa de algum acerto? Ora, a preocupação em saber a data correta ocorre devido à efemeridade dessas flores, pois depois de abertas duram apenas uma semana.

É preciso então comemorar a vida enquanto ela dura na sua imprecisão, na sua efemeridade. Rudi era um sujeito entregue à burocracia, em alguns sentidos, numa burocracia antiarte, triste e sem alegria. Ter de abandonar o cotidiano repetitivo é algo doloroso para ele; sair daquele lugar (e tempo) e ir visitar os filhos é algo da dimensão da tormenta. Não deseja conflitos, como se a alegria não possibilitasse entrada nela das dores, dos ressentimentos, das vicissitudes, das adversidades. O mundo não é harmonioso, não é azulzinho e nem rosinha: é multicolor.

Ao mesmo tempo, o morrer pode significar renascer. O negócio da vida não é então viver simplesmente; viver a qualquer custo – passando por cima dos outros, por exemplo. Viver como arte na família é o refazimento e reatualização de si (no mundo). Quando se morre, os vivos ficam e sofrem. Então é preciso quase que uma clínica que Rudi escute o seu próprio silenciar e tome medidas certeiras de ficar silencioso e entregar-se ao que a vida lhe propõe.

Mas Trudi, como estamos a descrever, consegue convencê-lo a aproveitar a sua vida (ou o que resta dela) e a vida familiar. Rever os que foram por eles criados, educados – ver a si mesmo junto ao outro no mundo da família. No sistema neoliberal, as pessoas se prendem muito aos seus modos de ter coisas, materiais, objetos. Ter é algo que lhes dá segurança, em um mundo de competição desenfreada, narcisismo, consumismo. Rudi é *a priori* uma pessoa-Ter.

> Essas pessoas não sabem que ao desfazer-se das muletas da propriedade, podem começar a utilizar suas próprias forças e andar por si mesmas. O que as mantém atadas é a ilusão de que não poderiam andar por si mesmas e que entrariam em colapso se não estivessem amparadas pelo que possuem (FROMM, 1987, p. 83).

Arriscar perder o emprego e a estabilidade; perder os modos repetidos de dizer "eu me amo" ou "eu te amo"; deixar o lixo da vida de lado e ir ao encontro da arte que emerge desse depósito; dormir um pouco mais; conversar com os filhos espreitando suas problemáticas, mas suas saídas. Não se deixar seduzir pelo consumismo exagerado – consumir para viver a arte da vida.

O regime de uma "arte de viver", em que se evita o desperdício e impõe cuidado para evitar a morte, e os prazeres que provêm da atividade sexual resultantes do teatro e meandros que há entre vida e morte, sendo aí o campo para a formação ética do sujeito. É preciso "pensar-sentir-agir" acerca de si mesmo (no mundo), desgarrar-se de bens supérfluos e inúteis e com isso filosofar, pode ser um caminho. Respaldando-se em Foucault (2011), diz Silva (2011, p. 7) que para

> [...] compreender uma estética da existência é preciso ter coragem, deslocar-se, não permanecer o mesmo. Temos que conseguir pensar o que esta aí, mas invisível, para pensar o que não se pensara antes. Teoricamente é necessário romper com a ideia que o indivíduo nos é dado, para ao contrário pensar que precisamos criar a nós mesmos [...] a filosofia seria uma experiência modificadora de si, uma experiência do pensar a própria história para saber como podemos ser de outra forma, como pensar de outro modo. Uma experiência modificadora de si, como processo criativo de fazer da vida uma obra de arte.

Quando junto aos filhos em Berlim, Trudi e Rudi tentam resgatar o tempo em que a mãe declamava uma poesia junto com eles (quando crianças), cujo título traz muito significado a todo o enredo: "A efemêra". A memória ocorre quando uma pequena mosca aparece na mesa de alimento, e a filha tenta matar esse incômodo com um tapa. Por que matar a vida se ela mesma é tão curta, finita, efêmera? – diz a poesia. As cerejeiras são também efêmeras, e por isso comparadas aos Samurais, como assim os seus frutos (de vermelho intenso e maduro) indicam sensualidade que traz nos corpos os lutadores, os defensores, os heróis cotidianos, aqueles que nos salvam da dor – nossa ou que em nós se instala e se instaura. O contato com o primeiro amor é como a cerejeira, que tem aparência sócio-historicamente inventada como os lábios da/do amante que ao morder escorre caldo vermelho, recordando o sangue e a paixão desenfreada. Mas há ainda o erotismo dessa árvore, tanto que em se fazendo uma tatuagem dela pode trazer sentidos de pureza, delicadeza e ao mesmo tempo um amor em amadurecimento. Arrancada a cerejeira traz a ideia de que ocorreu uma ação de ferir algo que é virgem, tornando-se impura. Logo após ser provada, a cerejeira estará contaminada, furada, cortada – associando aos desejos amorosos-sexuais, às pulsões e aos descontroles. Quando colocada nas chamas do fogo, falamos de algo insaciável – ninguém dá conta daquele desejo, nem mesmo o desejante que fica a dever. É uma flor sagrada e assim considerada em algumas partes da Índia, sendo considerada "chuva criadeira", a que traz abundância. Uma flor rica em significados sentidos.

Vida breve, curta. Então por que não vivê-la em toda sua dramaticidade? A vida é então efêmera e cheia de alegrias e tristezas – ou os dois sentimentos e atitudes imbricados. É da ordem da precisão que ela flua como faz a cerejeira. A mosca, o humano e essa flor têm poucos dias para viver o que lhes cabe nesse mundo – e é preciso cuidar-se disso, dar conta. A mosca, por exemplo, tem poucos dias para isso: para viver o prazer e a dor. É preciso, recomenda a poesia (pela fala materna): deixe-a flutuar, deixe-a livre e solta, até que ela encontre seu fim. Seu paraíso dura apenas um dia e viver esse único dia é a sua recompensa de ter nascido. Trudi, assim, recordando o passado, traz à tona novas possibilidades de ser (sendo) junto ao outro no mundo. Ela é que está inventando sentido para Rudi – vontade de sentido da vida como obra de arte. E sentido aqui-agora aparece naquilo que ele precisa (a)tentar: encontrar a arte como norte/rumo/direção que pode dar à sua família e a Trudi como membro ativo, como pai, esposo, como homem.

Viver intensamente a vida é a teatralização advinda do butô. Uma dança (obra de arte) na vida artística (a vida em família como obra de arte).

Para surpresa dos espectadores, nessa película, quem morre primeiro é Trudi – a morte não avisada. Então o marido fica arrasado, devastado: "Pensei que seguindo o rio/ eu jamais me perderia:/ ele é o caminho mais certo,/ de todos o melhor guia./ Mas como segui-lo agora/ que interrompeu a descida?" (MELO NETO, 1996).

Passa a viver a perda em toda sua intensidade, densidade e tensidade. A dor o penetra, assim como nos filhos – mas apenas a ele o butô ensinará muito sobre a obra de arte que é a vida e vivê-la.

Rudi faz uma devassa nas "coisas e objetos" de Trudi, já que pressente que pouco a conhecia e que não se permitiu esse conhecer/sentir. Então ele vasculha roupas, diário, projetos de vida... Retira dos guardados uma outra esposa, mais aventureira, ousada, inventiva, artista, dançarina – ela era também sombra, pois nunca se desvelava totalmente. Ele redescobre sinais acerca dessa mulher, e serão esses pedaços que lhe ensinarão – coisas como professora que a esposa passa a ser.

Ele encontra nos guardados um pequeno livro que tem um conjunto ou uma coleção de imagens fotográficas organizadas sequencialmente. Trata-se de um *flipbook*, que era um dispositivo que as crianças construíam, para o deleite delas. Trata-se de um livreto que, ao ser folheado rapidamente, dá a impressão ou ilusão de movimento, criando uma sequência animada de Trudi dançando butô e seus delicados gestos que tentam capturar sombras do outro, de si mesma, do mundo – o rosto branco como sinal de que sempre temos algum segredo. Algum detalhe dos dois indicando difícil esquecer. E mais, que nem é preciso tentar isso, pois durante muito tempo na vida dele, ela aparecerá viva. E mesmo que alguém lhe diga algo no seu ouvido, coisas que ela um dia lhe disse: "duvido que [esse outro] tenha tanto amor" (CARLOS; CARLOS, 1995) – poderia estar dizer Trudi ao marido, incrédulo pela autoestima dela; um orgulho do amor que entregou: "Te quero. Te espero. Não vai passar. O amor não falta, está. [...] O amor não tarda, está" (CARLOS; MONTE, 2001).

O marido entendia a esposa como exagerada, mas "aqui-agora", naquilo que (pró)curou [um ato de sentido a favor da "cura" ou melhor do "cuidado"], as fotografias são vistas e sentidas com "outros olhos" (todos os sentidos juntos). Compreende uma mulher que sonhava e tinha seu projeto de ser, mas que abriu mão dele para outro projeto maior, o amor ao marido (e à família). Uma vida densa, intensa e tensa essa de Trudi. Ele sempre foi encantado com a mulher metódica, bem como dedicada que conhecia, mas Rudi se redescobre nela: ser ousada, ser criativa, ser desejosa; ele começa a se pensar a partir do outro no mundo – ele é ela. Ele passará a recriar seu projeto original (o dele) tornando-se capaz de voos mais altos, mais provocadores e provocantes. É preciso sonhar, "sentir-pensar-agir" para inventar projeto de ser com o finco de reconhecer e sentir a vida em família, e há arte nela.

Para transformar ou atravessar de uma vida alienada para desalienada, é preciso coragem e ousadia. É isso que veremos a partir de então: Rudi procura fazer da vida em família uma obra de arte e para isso prossegue com o "projeto original" de Trudi. É preciso então seguir viagem para o Japão; isso pode indicar que ele opta pela aventura, pelos caminhos que o caminhante faz ao caminhar, pela leveza advinda da coragem e ousadia de mudar.

## Indignação e dor: a vida em família como obra de arte pela produção do ato sentido de resistir

No Japão, Rudi é recebido pelo filho Karl, que na película desvela uma intimidade mais intensa pelo tempo que passa com o pai. Ele é jovem e trabalha em um prédio imenso com salas. Ele tem muita coisa parecida com os outros dois irmãos de Berlim: sem tempo-espaço para os pais (agora para o pai). Talvez pudéssemos inferir que os filhos vivem em um mundo neoliberal que dá um outro sentido ao tempo, preferindo o tempo-Chronos e não permitindo o tempo-Kairós, mesmo em um Japão milenar. Karl não suporta o diferentemente novo – "puxou o pai". Ele odeia o pai, naquilo que ele viveu de frieza e distância afetiva.

Há uma cena em que ele afirma que no Japão não tem mosca, indicando várias possibilidades de se lidar com nossos modos de ser (sendo) junto ao outro no mundo da efemeridade. No Japão não se mata a mosca, pois ela nem existe mais naquela paisagem representativa do processo de subjetivação de limpeza, asseio.

No Festival das Cerejeiras, o velho pai participa. Muitas autofotografias (via celulares). Muito saquê. Karl bebe demais para ganhar coragem de produzir uma catarse – estranho movimento interior, como vômito descontrolado (e sem memória intencional). Chegando à casa, o pai, segurando-o para que não caia, leva-o ao quarto. O filho desvela sua dor e angústias advindas das perdas. Uma cena vital do horror que vivem filhos e pais abandonados. O abandono e a rejeição têm sido nosso criador – cria-a-nossa-dor! Nessa cena, uma catarse também para quem assiste. O pai escuta tudo aquilo que fez e não sabia. O filho ensina ao pai pelo drama. O pai então sai do quarto, fecha a porta e se encosta nela. O interessante é que compreendemos os dois (pai-filho). Não sentimos piedade pelo pai nem pelo filho. Agora no papel de filho em prantos ele se prostra. Ele então escuta os gritos do filho que lhe recomenda: – Vá se reciclar! O ofício repetitivo pode ser então libertador.

O filho ensina ao pai – e sempre há tempo para essas mudanças de tarefas subjetivas no mundo objetivo. Entretanto, de imediato, o pai se comporta "...como um zeloso funcionário [público] que dá tudo de si para fazer bem feito mas que, por obstinação do filho, deve arcar com um fracasso difícil de explicar para o mundo" (MANDELBAUM; MANDELBAUM, 2002, p. 3)[2] o fato de não ter educado o filho e a certeza dessa impossibilidade, que não é surpresa, já que a família algumas vezes é entendida como um lugar-tempo da animalidade, dos instintos, das

---

[2] Texto psicológico sobre família baseado em cartas de Kafka, original de 1921.

violências como em Kafka (1977). O mundo é que deveria educar os filhos. Mas nesse caso, o de Karl, nem o mundo deu conta.

Mas retomemos nossa esperança na família e no seu objetivo de educar. Educar como *educare* (Latim), por sua vez ligado a *educere*, verbo composto do prefixo *ex* (fora) + *ducere* (conduzir, levar), literalmente significando "conduzir para fora como um parto"; "trazer à luz a ideia", "dar luz". Filosoficamente, pode significar "fazer a criança passar da potência ao ato, da virtualidade à realidade" (MARTINS, 2005, p. 33). Educar como preparar o membro da família para o mundo. A família como espaço-tempo de educação não escolar aparentemente informal (ou in-formal).

Reciclar será um termo e uma ação que se presentificará nessa película como possibilidades de libertação, de conscientização amorosa e afetiva (e indissociada à cognitiva) – que tem característica das práticas educacionais de resistência como fez o artista Paul Cézanne (PATTO, 1995), que pela arte subverteu o estabelecido, implicou com o seu tempo-espaço. O negócio não é limpar a casa obedientemente, mas reciclar-se enquanto pessoa criadeira, como é a chuva e arte. O filho se contorce contra o passado imutável, mas que a ele se prende, se fixa – a mãe é melhor que o pai, ele pontua, descobre. O pai fica estarrecido, mas não agride mais do que ambos se agridem nas expressões corporais e na linguagem. A rotina ensinou a Rudi alguma coisa que lhe está sendo útil – como ter a capacidade de suportar imediatamente o real, surgida das relações entristecidas e magoadas, presas ao passado de impossível retorno, a não ser pela catarse. Mesmo desejando explicitamente proteger o pai, o filho produz humilhações, impedindo, por exemplo, a autonomia nos modos de "ser-no-mundo" do idoso – uma autonomia que precisa ser avaliada imediatamente. De fato, Karl subestima o velho pai e tenta até assumir tarefas em seu lugar, dificultando a Rudi a descoberta e assunção da velhice, a vivência do seu corpo (BEAUVOIR, 1990), mudanças tão simples, certas e fáceis, mas em "[...] que espelho ficou perdida a minha face?" (MEIRELLES, 2012, p. 12).

Andando pela cidade, e deixando suas marcas por onde passa, Rudi amarra lenços em partes dos objetos urbanos como os postes, muros, etc. Ele precisa deixar partes de si na metrópole urbanoide para lembrar que é difícil esquecer e quão lindo e ético é recordar para refazer-se, tornando a existência belamente ética.

Numa dessas andanças pelas ruas do Japão, ele conhece uma dançarina butô que baila em uma praça arborizada do centro da megalópole. Seu nome é Yu – que na pronúncia em inglês significa "você" (e Rudi detecta isso de sentido; a presença do outro no mundo). Sua existência de dançarina é estetizada pela mais refinada ética de interesse, um retorno ao outro – esse encontro de ser sendo "si-Yu" (advindo do outro, Rudi). Essa será a aposta de (re)transformar a vida em família em obra de arte e isso exige uma delicada e cuidadosa travessia.

O butô de Yu é o da Trudi: uma dança, um teatro dançado, uma filosofia que é dança teatral. O rosto pintado de branco, objetos do mundo utilizados para os gestuais – no caso Yu usa um telefone rosa; um telefone feminino, uma falação terna e demandando escutar-se.

Contra a indignação e dor pós-Segunda Guerra Mundial, que assolou e devastou o Japão por uma ação estadunidense, o butô nasceu como protesto contra a insatisfação e frustração. E Rudi renascerá assim também, contra a indignação das perdas, das difíceis relações com os filhos.

O butô tornou-se um estilo de dança contemporânea (criada nos anos 1950/60 por Tatsumi Hijikata) que mostrou ao mundo as feridas e a decadência dessa sociedade, e por isso a dança foi rejeitada no próprio país, mas ganhou popularidade mundial com sua estética radical e temas polêmicos, tanto que é denominada de "dança das trevas" (outro dançarino estrela máxima do butô é Kazuo Ohno, que celebrizou a dança como "dança da luz").

Como a dança, Rudi propõe-se criar uma ruptura com tudo que o ligava – um adeus à rotina desnecessária e contrainventiva. Os ideogramas da palavra butô significam "dançar/manipular" e "pisar o solo/marcar passo" – e isso indica que Rudi deverá dançar representando sua dor de abandono e abençoar a alegria advinda do reencontro, tudo vivido como possibilidade de resistir ao mundo também repetitivo, arcaico, alienante.

À medida que Rudi se envolve nos ensinamentos sutis da jovem professora de butô, vamos compreendendo por quais meandros sinuosos e desveladores ele está trilhando nos modos de ser (sendo) ele mesmo junto ao outro no mundo das mudanças positivas, no autoperdão, na libertação das culpas e das entregas ao existir-ser. Nada de organizar o mundo, mas entregar-se aos desvarios das trevas e deixar penetrar-se pela luz-de-sentido. A praça funciona como um palco onde o enredo da vida vai se mostrando indefinida, inconclusa sempre, irrepetível, um constante projeto devir. Yo e Rudi, juntos, em um envolvimento com temas existenciais de perda, reapropriação de si (junto ao outro no mundo). As sombras vão sendo pegas; as mãos as seduzem e capturam. Danças delicadas, refinadas coreografias – quem chama? É você, mamãe? – diz Yu, uma dançarina pouco ligada aos bens de consumo, empobrecida que é, mas que dança a arte de viver a vida como obra de puríssima arquitetura. É você, Trudi? Sou eu? Ambos são como elfos, seres fílmicos/artísticos "semidivinos-mágicos", em uma floresta de flores de cerejeiras – que, se estão vivas aqui, ali poderão fenecer. É preciso aproveitar o que a vida tem de arte e vivê-la assim, despojado de bens, de egoísmos. Não em vão que se repete algumas vezes no filme *Vem dançar comigo* ("Strictly Ballroom"; Austrália, 1992, direção de Baz Luhrmann): "Viver com medo é viver pela metade". É demandado na vida em família como obra de arte que se retome rumos que para os outros são indesejados, mas que para você apresenta sentidos de fugir da regra, subverter o estabelecido como belo.

O Japão não tem mosca (ou tanta naquele período) ou a liberdade para respirar e viver o tempo-espaço que puder. Mas nesse país oriental tem a vida, ela mesma, que escorre pelo corpo, derrete-o, o desconstrói, o reconstrói, o destrói, o traz à cena do/com butô. Yu encontrou a si mesma no mundo das perdas de sua mãe; reencontra-se em Rudi – como verdadeira professora, educadora, ensinante; o velho pai se torna aluno, aprendente, discente. Descrevemos e narramos uma pedagogia não escolar, a que flui na existência do viver. Aparentemente sem planejamentos e sem avaliações, ela é vivida no processo de nossa subjetivação.

Rudi veste as roupas de Trudi, e isso evoca seu filho Karl que "papai precisa de psicoterapia". Por que não suportamos o novo e o provocativo? Um homem abandonado, indignado pela dor sentida, precisa criar "artefícios" (artes nos ofícios; na obra que produzimos do nosso existir); precisa no impreciso encontrar saídas para ser artista de sua vida.

(Co)movido pelas mãos de Yu, o velho pai (no modo pai – o imaginário do mítico Pai) vai visitar sua última morada e a linguagem oral e expressiva corporal é seu lar, sua família – agora indissociada "obra de arte". Arte que desvela o Monte Fuji. A dança já vem contaminando Rudi de alegria há algum tempo. E até o lixo (e a vassoura que o varre) se transforma em ferramenta do som, dos gestos delicados – do reencontro butô. Ele acolhe Yu e oferece banho a ela – a água que limpa de modo artístico aquilo que dizem belo cuidar (a estética da ética). Os fios do telefone lhe engastam na praça e ao mesmo tempo os libertam para novas emoções, sentimentos, desejos, raciocínios, pensamentos, resoluções dos problemas existenciais.

Rudi nem sabia dessa outra possibilidade de expressar o rosto: com vida e envolvido pela arte de viver e ser (sendo) família. Agora não é passivo, mas ativo. Um vivo na memória de alguém. Alegre e com o rosto feito lua cheia. Olhos cheios de planos, lábios com gosto de mel e aveia – tudo muito natural. Mãos fortes e ousadas – que por onde passam ainda deixam marcas através de movimentos, nos toques quentes do amor e das flores de cerejeiras. O coração que antes não se mostrava, e que agora é "cor-luz", é recheado pela efêmera respiração do viver, do peito aberto pela coragem de ser – o amor está. Ele viveu esse processo e finalmente pôde afirmar: "Encontrei a minha outra face, em Trudi, em mim – nos meus filhos, amigos, professores, Yu, Japão, cerejeiras – famílias..."

Eis a grande arte da vida, obra existencial que se deixa no/para/com o mundo com o único finco: de identificar pelas marcas deixadas.

## Pós-escrito

O "senhor Monte Fuji" é tímido e se cobre de nuvens – e nisso o butô desvela a demonstração comedida, econômica, sem desespero e sem medo do fim. O "Fuji" assim, em Yu, ganha características humanas para ser entendido, e depois compreendido nas suas "artes+manhas", suas vontades estrelares, sua histerias. Os dias passam e ele permanece na sua intimidade, na sua recusa "pitiática" em mostrar-se.

Entretanto, nada como um dia após o outro, movido pela arte. Em um abrir do novo dia, quando as esperanças pareciam corroídas, Rudi se levanta, abre a porta da hospedaria. O pai Sol ainda não despertou totalmente. Da porta é o "lugar-tempo" no qual aquele velho pai de família enxerga finalmente sua família (e a vida nela) sendo feita com arte: O Senhor Fuji mostra o seu lado homem despudorado, artístico, sensível, justo, cuidador. Um monte que pelas delicadezas é senhor e é senhora – tudo a um só tempo, "sol-chuva", arco-íris.

Aos pés desse senhor ("dele-mesmo"), o Monte Fuji, há um lago tranquilo e danado de selvagem que se coloca em beira para o pai. Rudi dança butô, pega em suas mãos e captura a "sombra-Trudi". Revive o amor possível para esclarecer, viver, sentir o que aconteceu e não se permitiu. A dança butô permite ser (sendo) isso: uma mediação incrivelmente dialética que ensina e aprende.

Yu, assustada, não encontra na hospedaria o velho pai que desvelava adoentado, ardendo em febre. Ela sai correndo aos gritos: Rudi! Rudi! Rudi!...

Karl encontrará Yu. Cada um cuidará de sua vida: enterrando seus mortos, cumprindo rituais que podem libertar, atendendo telefones rosas, dançando butô, fazendo auditorias, chorando pelos cantos (em cântaros)...

Sintetiza-se uma etapa, mas sem um "the end" dourado.

## Referências

ALVIM, Mônica Botelho. Experiência estética e corporeidade: fragmentos de um diálogo entre gestalt-terapia, arte e fenomenologia. *Estudos e pesquisas em Psicologia*, Rio de Janeiro, UERJ, v. 7, n. 1, p. 138-146, abr. 2007.

BEAUVOIR, Simone. *A velhice*. Rio de Janeiro: Nova Fronteira, 1990.

CARLOS, Erasmo; MONTE, Marisa. Mais um na multidão. Intérprete: Erasmo Carlos. In: CARLOS, Erasmo. *Pra falar de amor*. CD Abril, 2001.

CARLOS, Roberto; CARLOS, Erasmo. Detalhes. Intérprete: Maria Bethânia. In: MARIA BETHÂNIA. *Maria Bethânia ao vivo*. CD Universal, 1995.

FORGHIERI, Yolanda Cintrão. *Psicologia fenomenológica*. São Paulo: Pioneira, 2001.

FROMM, Erich. *Ter ou ser?* Rio de Janeiro: Guanabara, 1987.

KAFKA, Frans. *Letters to friends, family and editors*. New York: Schocken Books, 1977.

MANDELBAUM, Enrique; MANDELBAUM, Belinda. A família de Kafka ou da Educação de Crianças no Interior de um Organismo Animal. *Psicologia*, São Paulo, IP/USP, v. 13, n. 2 p. 143-150, 2002.

MARTINS, Evandro Silva. A etimologia de alguns vocábulos referentes à educação. *Olhares & Trilhas*, Uberlândia, ano VI, n. 6, p. 31-36, 2005.

MEIRELES, Cecília. Retrato. In: MEIRELES, Cecília. *Viagem*. Rio de Janeiro: eBooksBrasil, 2012.

MELO NETO, João Cabral de. *Morte e Vida Severina e outros poemas para vozes*. 37. ed. Rio de Janeiro: Nova Fronteira, 1996.

NIETZSCHE, Friedrich. *Miscelânea de opiniões e sentenças*. São Paulo: Escala, 2007.

NÓBREGA, Terezinha Petrucia da; TIBÚRCIO, Larissa Kelly de O. M. A experiência do corpo na dança butô: indicadores para pensar a educação. *Educação e Pesquisa*, São Paulo, v. 30, n. 3, p. 461-468, set./dez. 2004.

PATTO, Maria Helena Souza. Elogio do trabalho (sobre Paul Cézanne). *Discurso*, n. 25, p. 121-152, 1995.

RILKE, Rainer Maria. *Cartas a um jovem poeta*. Porto Alegre: L&PM, 2009.

ROSA, Guimarães. *Grande sertão: veredas*. 19. ed. Rio de Janeiro: Nova Fronteira, 2001.

SILVA, Stela Maris da. A vida como obra de arte. *Revista Científica/ FAP*, ano 2, v. 2, jan./dez. 2007. Disponível em: www.fap.pr.gov.br/arquivos/File/RevistaCientifica2/stelamaris.pdf. Acesso em: 6 jun. 2011.

# Ficha técnica dos filmes

### Rocco e seus irmãos
**Título original:** Rocco i suoi fratelli
**Direção:** Luchino Visconti
**País de origem:** Itália
**Ano de lançamento:** 1960
**Duração:** 177 min

### Sonata de outono
**Título original:** Höstsonaten
**Direção:** Ingmar Bergman
**País de origem:** Suécia
**Ano de lançamento:** 1978
**Duração:** 88 min

### Mamãe faz 100 anos
**Título original:** Mamá cumple cien años
**Direção:** Carlos Saura
**País de origem:** Espanha
**Ano de lançamento:** 1979
**Duração:** 92 min

### Parente é serpente
**Título original:** Parenti Serpenti
**Direção:** Mario Monicelli

**País de origem:** Itália
**Ano de lançamento:** 1992
**Duração:** 100 min

## Lavoura Arcaica
**Direção:** Luiz Fernando Carvalho
**País de origem:** Brasil
**Ano de lançamento:** 2001
**Duração:** 163 min

## Lugar nenhum na África
**Título original:** Nirgendwo in Afrika
**Direção:** Caroline Link
**País de origem:** Alemanha
**Ano de lançamento:** 2001
**Duração:** 161 min

## As invasões bárbaras
**Título original:** Les invasions barbares
**Direção:** Denys Arcand
**País de origem:** Canadá
**Ano de lançamento:** 2003
**Duração:** 99 min

## Conversando com mamãe
**Título original:** Conversaciones con Mamá
**Direção:** Santiago Carlos Oves
**País de origem:** Argentina
**Ano de lançamento:** 2004
**Duração:** 90 min

## Um herói do nosso tempo
**Título original:** Va, vis et deviens
**Direção:** Radu Mihaileanu
**País de origem:** Romênia
**Ano de lançamento:** 2004
**Duração:** 140 min

## A culpa é do Fidel!
**Título original:** La Faute à Fidel!
**Direção:** Julie Gavras
**País de origem:** França
**Ano de lançamento:** 2006
**Duração:** 99 min

## Hanami: cerejeiras em flor
**Título original:** Kirschblüten – Hanami
**Direção:** Doris Dorrie
**País de origem:** Alemanha
**Ano de lançamento:** 2008
**Duração:** 127 min

# Sobre os autores

**Ana dos Santos Matias Diogo** é doutora em Sociologia da Educação e docente do Departamento de Ciências da Educação da Universidade dos Açores (Portugal). Leciona disciplinas nas áreas de Sociologia da Educação, Sociologia da Família e Metodologia de Investigação. É igualmente investigadora no Centro de Estudo Sociais da mesma instituição. As temáticas de investigação em que se tem envolvido incidem nas dinâmicas familiares; na relação escola-família; nos efeitos do contexto escolar local; e nas desigualdades sociais e escolares.

**Áurea Regina Guimarães Thomazi** é graduada em Ciências Sociais pela Universidade Federal de Minas Gerais (UFMG), mestre e doutora em Ciências da Educação, pela Sorbonne, Paris V. É professora nos cursos de Pedagogia da Faculdade de Educação da Universidade do Estado de Minas Gerais (FaE-UEMG), da UNA e do Curso de Mestrado em Gestão Social, Educação e Desenvolvimento Local desta última instituição. Tem atuado em ensino, pesquisa extensão, principalmente com os temas: organizações populares, escola, formação de professores, sociologia da leitura e pesquisa.

**Carla Fonseca Lopes** é psicóloga e mestre em Psicologia Social pela UFMG. É parceira e representante oficial na área de Comunicação, Imagem e Mobilização de Recursos da FDC - Moçambique.

**Carlos André Teixeira Gomes** é mestre em Ciências Sociais, bacharel e licenciado em Ciências Sociais e graduado em Publicidade. É professor de Sociologia no Ensino Médio.

**Cláudio Marques Martins Nogueira** é doutor em Educação pela UFMG, com doutorado-sanduíche com o professor dr. Bernard Lahire, na École Normale Supérieure Lettres et Sciences Humaines de Lyon, graduado em Ciências Sociais e mestre em Sociologia pela UFMG. É professor adjunto de Sociologia da Educação da UFMG e membro do Observatório Sociológico Família-escola (OSFE). Atua principalmente com os seguintes temas: trajetórias escolares, relação família-escola, processo de escolha do curso superior, teoria sociológica, sociologia de Pierre Bourdieu e Bernard Lahire.

**Écio Antônio Portes** é doutor em Educação pela UFMG e professor adjunto da Universidade Federal de São João del-Rei (UFSJ), onde leciona Sociologia da Educação. É ainda professor do Programa de Pós-Graduação Processos Socioeducativos e Práticas Escolares da UFSJ. É membro filiado do Observatório Sociológico Família-escola (OSFE) e do Núcleo de Estudos e Pesquisas Sócio-Históricas em Educação (NEPSHE) da mesma universidade. Atua principalmente com os seguintes temas: trajetórias e estratégias escolares de estudantes pobres, práticas de escolarização de famílias rurais, políticas de permanência nas universidades públicas.

**Gilka Girardello** é doutora em Comunicação e professora do Centro de Educação da Universidade Federal de Santa Catarina (UFSC), vinculada à linha Educação e Comunicação no PPGE-UFSC. É pesquisadora dos temas cultura, narrativa, imagem, imaginação, mídia-educação e infância.

**Hiran Pinel** é psicólogo, doutor em Psicologia – IPUSP; mestre em Educação – PPGE/UFES; Licenciado Pleno em: Psicologia, Pedagogia e em Biologia; bacharel em Psicologia; pedagogo social; psicopedagogo. Trabalha como professor, pesquisador, extensionista na UFES/CE/DTEPE/PPGE. Líder do Grupo de Pesquisa "Diversidade e Práticas Educacionais Inclusivas". Pesquisas atuais: Psicologia Existencialista-Marxiana: Educação Especial & Clínica; Inclusão/Exclusão & Cinema; Educação Especial, Psicopedagogia e Pedagogia Social.

**Inês Assunção de Castro Teixeira** é doutora em Educação pela UFMG e professora da Faculdade de Educação da UFMG (graduação e pós-graduação). Pesquisadora do Grupo de Pesquisas sobre Condição e Formação Docente (PRODOC/FAE/UFMG). Co-organizadora da Coleção Educação, Cultura e Sociedade (Autêntica) e da seção Educar o Olhar (*Revista Presença Pedagógica*). Pesquisadora do CNPQ.

**João Antonio de Paula** é graduado em Ciências Econômicas pela Universidade Federal de Minas Gerais (UFMG), mestre em Economia pela Universidade Estadual de Campinas (Unicamp) e doutor em História Econômica pela Universidade de São Paulo (USP). É professor titular do Departamento de Ciências Econômicas e do Centro de Desenvolvimento e Planejamento Regional de Minas Gerais (Cedeplar).

**José de Sousa Miguel Lopes** é doutor em História e Filosofia da Educação pela Pontifícia Universidade Católica de São Paulo (PUC-SP). Professor na UEMG.

**Marcos Daniel Teixeira Gomes** é psicanalista, bacharel e licenciado em Psicologia e estudante de Psicologia da Sorbonne (Paris VIII).

**Maria Amália de Almeida Cunha** é socióloga e doutora em Educação pela Universidade Estadual de Campinas (UNICAMP). É professora adjunta de Sociologia da Educação da UFMG e membro do Observatório Sociológico Família-escola (OSFE) e do Grupo de Avaliação e Medidas e Educacionais (GAME), ambos na UFMG. Leciona a disciplina Sociologia da Educação na mesma instituição, onde atua principalmente com os seguintes temas: relação família-escola, trajetórias escolares, educação e desigualdade, processos educativos e sua relação com a aprendizagem.

**Mirian Jorge Warde** é doutora pela PUC-SP, com pós-doutorado pelo Teachers College-Columbia University. É professora titular aposentada pela PUC-SP, professora colaboradora do Programa de Pós-graduação em Educação Escolar da Universidade Estadual Paulista Júlio Mesquita Filho (UNESP-Araraquara). Pesquisadora sênior do CNPq, com pesquisas e publicações no campo da História da Educação no Brasil e nos Estados Unidos.

**Monica Fantin** é doutora em Educação, professora do Departamento de Metodologia do Ensino e do Programa de Pós-graduação em Educação (PPGE), linha Educação e Comunicação, do Centro de Educação da UFSC. Líder do Grupo de Pesquisa Núcleo Infância, Comunicação, Cultura e Arte, NICA, UFSC/CNPq. Publicou livros e artigos sobre a relação entre educação, mídia e cultura e é autora do livro *Crianças, cinema e educação: além do arco-íris* (Annablume, 2011).

**Pedro de Carvalho da Silva** é sociólogo, docente e investigador. Licenciado em Sociologia pelo Instituto Superior de Ciências do Trabalho e da Empresa, Lisboa (ISCTE), mestre em Análise Social da Educação pela Boston University e doutor em Ciências da Educação pela Universidade do Porto. É docente do quadro da Escola Superior de Educação e Ciências Sociais, Instituto Politécnico de Leiria, e membro do Centro de Investigação e Intervenção Educativas (CIIE/FPCE-UP) e do Centro de Investigação Identidade(s) e Diversidade(s) (CIID/IPL).

Este livro foi composto com tipografia Optima e impresso
em papel Off Set 75 g na Gráfica Paulinelli.